政治家的思考术

与历史学家一起读国史

一叶知秋◎著

新世界出版社
NEW WORLD PRESS

图书在版编目（CIP）数据

政治家的思考术：与历史学家一起读国史 / 一叶知秋著.—北京：新世界出版社，2012.9

ISBN 978-7-5104-3330-6

Ⅰ.①政… Ⅱ.①一… Ⅲ.①中国历史—通俗读物 Ⅳ.①K209

中国版本图书馆CIP数据核字（2012）第216194号

政治家的思考术：与历史学家一起读国史

作　　者：一叶知秋　著
责任编辑：余守斌　熊文霞
责任印制：李一鸣　黄厚清
出版发行：新世界出版社
社　　址：北京西城区百万庄大街24号（100037）
发 行 部：（010）6899 5968　（010）6899 8733（传真）
总 编 室：（010）6899 5424　（010）6832 6679（传真）
http://www.nwp.cn
http://www.newworld-press.com
版权部：+8610 6899 6306
版权部电子信箱：frank@nwp.com.cn
印　　刷：三河市骏杰印刷厂
开　　本：710 × 1000　1/16
字　　数：250千字　印张：14.5
版　　次：2012年12月第1版　2012年12月第1次印刷
书　　号：ISBN 978-7-5104-3330-6
定　　价：29.80元

目录

历史经验等于智慧的宝库

历史的功用在于其经验性，历史就是人类过去智慧经验的总结，有云："鉴于往事，有资于道。"无数的历史经验就等于智慧的宝库了。

故 事

公扈子说：掌理国家的人不能不读《春秋》。生下来就富有的人很少有不骄傲的，如果没有一面镜子照见自己而自我反省，想避免骄傲就很困难了。

《春秋》，正是这样一面镜子，在春秋时代两百年间，国君被臣子弑杀的多达三十二人，国家被灭的有五十二国，这还不包括那些不能保有君位而出奔在外的诸侯人数。其实这些灾祸在发生之前，都有征兆可以预先看到，并可能提早防范。

当历史已成为国家传统

中国人对于读史这件事，实用的意味很浓厚，相信历史是一面镜子，可以鉴往知来——好的想办法学习，坏的作为警诫。换句话说，在历史的领域里，中国人很凸显其"功能性"的一面。

另一方面，中国也堂而皇之称得上是最重视历史的民族之一。比方说，从《史记》以来长达二千多年毫无间断的历史系统，便是人类历史上一项非常特殊的成就，而由国家来设置史官则开始得更早，信而有证的可以上推到春秋时代（如春秋时晋国的董狐），大胆一点的推断还可能再往上溯至更早期的商周。

因此，有人曾把中国人和犹太人并列为最重视历史的两个民族，即使是摇篮里的婴儿，从父母或祖父母口中听到的故事，多半是历史故事而不是什么充满甜蜜梦幻气味的所谓童话。

婴儿躺在摇篮里听的什么故事我并不确知，但若和其实是以宗教为历史主轴的犹太民族相比，中国人重视历史的程度无疑是远远超过的。至于，重视历史和对历史“功能性”一面的强调有没有关系，我个人以为是有关系的，因为历史既被看成是立国的大事，关乎一个政权、国家、乃至于整个民族文化的成败得失，便不单纯只是个人操作、用力的一个领域而已，而是有必要动用国家的财力资源来支持，有意识地保留下这些理论上和整个天下国家的兴废、以及每个纳税人的幸福快乐都有关系的珍贵经验。

我们可以这么说，历史在中国，一直是“公共建设”的一个重要项目。

历史的经验真的好用吗？

但真的是知道过去就能了解未来吗？历史的经验真的像我们平日照镜整衣那么方便好用吗？

事情显然并不如此。

我想可以这样说，历史所以“有用”，关键在于历史被理解为“经验”的这一部分意义。就像我们从个人以往的行为和发生的结果，知道了诸如太靠近火会烫伤、跑太快可能跌倒等，可以让我们再一次面对类似情境时，懂得如何趋吉避凶，这当然是很有用的。所不同的，在这层意义之下，历史可以说是人类过往所有经验的总汇——更多的经验意味着更多的有用，无数的经验就等于是智慧的宝库了。

就像七八十岁的老人家常挂在口中的话："什么稀奇古怪的事我没看过。"如果我们能广泛而清楚地掌握好历史，这不啻是在时间上活过四五千岁，在空间上化成亿万个化身一般，所经历过"稀奇古怪的事"更是不可计量，这是不是等于掌握了所有人类行为及其持续结果的秘密了呢？所以懂得了过去就懂得未来——所谓的"鉴往知来"。

然而这样的事情我们可能也不陌生：两个谁也不服谁的老人家为了某一件小事脸红脖子粗起来了，各自搬出自己"想当年"的种种，试图证明自己的经验才是"正确"的，可以从早上吵到晚上，甚至持续几天、几个月或好几年，在一旁无法插嘴的我们，有时候不免会疑惑起来，他们谁说得对呢？如果他们都没说谎的话，难不成经验也有正确和不正确的分别？或者说有正确和更正确的分别呢？那我们又应该如何去分辨呢？我们究竟该听谁的？

历史依然是"历史"的

事实上，在我们用"实用"的想法来读史时，我们经常得面对这类哪个经验不正确或更正确的问题。过多的经验，有取用不竭的好处，也伴随着芜杂、混乱，经验与经验之间无止无休的相互抵触。

时至今日，"历史"这个名词已被延伸了一层"固定"的意义：相对于本质的、共时的、超时间空间不变的意义，历史指涉的是特殊的、分歧的和不同的现实情境不可分割的意义。这说明了什么？说明历史有别于较传统意义（我并没有讽刺过时的意思）的科学实验室，在实验室里，我们可以相当完整地控制一个实验的环境，而一次一次得到同样的数值和结果，若产生不同的数值和结果，则我们基本上可以判断有着操作计算上的误差或某些没控制好的因素加入；但历史的“实验”却是不重复的，得到不同的数值和结果不仅正常，而且是有意义的，在不同的时空情境里的类似行为，可以伴随着相异的、乃至于完全不同的结果，这直接为历史的总体经验意义，蒙上一层暧昧不可靠的色彩。

我要补充一下的是，想尽办法要去除这层暧昧不可靠的色彩，希望能控制好“不必要”的实验细节，让历史能一步一步接近较严格的、清晰有条理的科学意义，这样的努力并不是没有人做过，相反的，从理性主义时期开始，试图将历史纳入科学的领域，以解开历史暧昧不明的谜团，是经过无数人前仆后继的努力的。

数世纪下来，这样的努力在某些特定问题的研究上，的确让我们得到更有条理的思考和理解，却也更清楚让我们知道历史不可轻言简化、类比、分类的麻烦性格；换句话说，历史依然是“历史”的，它的主体意义无法以科学来取代。

因此，这一大堆看起来可以让我们智慧无比的经验材料，要能好好使用，便须通过一些很麻烦的手续了。大体上来说，在知道过去和照见未来之间裂开一个比传统中国人对历史的看法更宽的缝隙，惟有通过思考和理解才有机会让两者的距离拉近。换句话说，拿过去的钥匙来开未来的门，既不是顺利的一扭就开也不是完全打不开，总是好像有机会却又不太对劲。

何况，除了本质上的困难，历史作为经验的延长与扩大，还有其“技术性”（相对意义之下）的困难。我的意思是，历史毕竟不是我们直接面对面的体验和教训，它是“别人”的，通过文字语言的简化和凝固，才交到我们手中，这使我们想成功地转换使用时，少了很多现在我们知道其实是不可忽略的“细节”，而且要很费一番手脚才有机会重建当时特殊的情境和真实（不一定是实存的，而是指我们的感同身受）的图像，否则，历史只是“知识”，还构不成可以使用的“经验”。

谈到这里，我们或许仍然可以保留历史的镜子功能，但我们必须知道，这枚古怪的镜子并不像用来整衣的镜子那般明澈好用，而可能是某种整人的哈哈镜，它会夸张、扭曲甚至欺骗我们，它的使用须知永远附带着一句警语：“要小心使用！”

历史的怪脾气

对历史功能性的强调，毕竟只是历史的一个面向而已，并不是历史全部的可能意义。

这里我们不说“窄化历史”这么沉重的词——事实上哪个民族、哪个文化体系、哪个了不起的史家不是在历史的大海里或大或小的取一瓢而饮呢？中国历史这种用力于功能一面的倾向，必然导致它“严重”的凝视某些焦点同时又忽略了某些部分，这是难免的。

我们这么说好了，强调历史有用，甚至想进一步让历史好用，很容易走上“寻找教训”这回事。这时，历史作为一般的知识或理解，作为一种不经意的、人生整体乃至于无意识领域的理解意义，便多少受到侵犯，而呈现某种程度的筛选。

为了使教训成立，在某种行为和某种伴随而来的结果之间就得建立更直接、更必然性的因果关系，而凝结为某些“典型”，这时，就得想法子略去一些其实是“共同参与造成特定结果”的其他复杂因素，也得想法解释（无法解释也可以假装忘掉）类似行为伴随的不同结果。

实际上，在这些不可穷尽列举的大小因素中，通常哪些会被强调、哪些会被忽略呢？大致上来说，为了符合可能直接使用的基本想法，那些人力难及的、属于广大社会背景的因素通常会被牺牲，而强调人的行为善恶和结果之间的关联。比方说，好好一个帝王如夏桀、商纣或秦二世为什么会霎时权势冰消瓦解，甚至连性命都不保？最有警诫教育意义的，不是和他们个人太不相干的那些“原因”，而是他们作恶多端或愚蠢无比的必然代价。一组行为伴随着一组特定的结果，教训的因果环扣这么被接起来了。

因此，在“寻找教训”的意识下，历史的面目总显得太“明白”，也往往会夸张了一个人的力量和影响，历史人物便得一肩承担较沉重的成败得失责任。比方说，某些朝代的末代帝王或人物，其中往往不乏其实是不错的君主和臣子，但除了“志可嘉，其情可悯”之外，这些人的努力和评价却往往被低估了。以唐代的帝王而言，我个人便觉得唐代鼎盛高峰的唐高宗其实很平庸而多弱点，比起中唐以后好些个受困于宦官、军阀和整体难局的帝王远远不如。

又，中国治史写史的大方向，也因此受到一些影响。以我们今天对中国历史的重新思考而言，很容易发现，即使史籍浩瀚而连续不绝，人物——尤其是宫廷里的大人物——的资料大致很够用，但属于一般平民的、社会整体描述的部分，总有资料不够的困扰。

历史究竟是智慧还是包袱

这样重视经验的历史态度，也凸显了中国历史的某种性格。“历史究竟是智慧还是包袱”这个命题，我们在前面已提过历史作为智慧宝库的一面，这里我们有必要来谈谈历史的包袱性格。基本上来说，重视经验的人一般比较稳健、安全，性格上不容易激化，但同时也不免较为保守持重，对新的事物、新的行为方式有较多的犹豫和怀疑。既然经验告诉我们，这样做曾经为我们带来满意和安全的结果，我们为什么要冒险去改变原有的行为呢？

谁知道不这样做会发生什么不可预料的结果呢？

因此，这样重视经验的中国历史，呈现一种较平实愉悦的气味。读中国的史籍，我们很容易感受到一种属于平实生活层面的睿智和洞察，但它也很容易在新的事物、新的思考题目之前“煞车”。

当然，清末鸦片战争之后，我们就开始痛恶这样老成持重、拖也拖不动的迟缓性格，但这个话题的进一步讨论，让我们留到本书后面再说，这里我们只不带价值判断意味地描述其两面性格而已。

历史的“地雷区”

当然，侧重于功能性层面来谈中国历史，显然有些小看了中国传统的史籍和治史态度，这是我们必须察觉的。

毕竟，意识虽会影响行为本身，但往往行为本身并不永远“听话”，它也有“出入”于概念边缘的习惯，因此，中国的史籍事实上并不亦步亦趋地追随“鉴往知来”甚至是“寻找教训”的要求，它的整体面目丰富多了，也复杂混乱多了。

一方面，一些正史系统之外的记史或称不上记史的某些记叙工作，数量更是庞大，其中有一部分当然表现出更强烈的历史教训意识；但更多的时候，它们的自省性格较薄弱，有些更只是单纯的现象描述或顺手的游戏笔记。

就算是正史系统，虽说大体还遵循着《史记》《汉书》以来的体例和精神，但我们也很容易察觉到：一、篇幅扩大了，像《宋史》或《清史》便庞杂得令人头痛；二、属于非人物描述的《书》《志》部分，分量有增加的倾向，这说明了“非人”的因素逐渐受到重视；三、最具历史教训意味，从孔子作《春秋》以来便被当成历史最根本意义的所谓“褒贬”，也慢慢从司马迁当年锐利准确的“太史公曰”演变成后代史书的例行赞语（多半是四字一句、意义空洞的类似墓志铭语言）。

这三个基本发展，都显示了历史立即可用的要求，在实际的操作过程里并不是那么容易贯彻，我们也有了更多未经有意筛选（或恶意称之为“污染”）的历史材料。无论如何，相对于其他民族的历史材料保存，我们其实也不能怎么太抱怨。

这里多说了一些中国历史的“坏处”，我想，我是“好意”的，在进行以下叙述之前，先指出一些可能有危险的“地雷区”，或可让我们多得到一些自由，多一分安全。

这也未尝不是另一种“鉴往知来”呢！

历史不忍细读

单一的一种德性被夸大、严厉地使用，其结果通常是一场灾难。

故　事

齐庄公准备讨伐莒国，特别先遴选五辆兵车的勇士，以示礼敬和激励，杞梁和华舟两人没有入选，懊恼得吃不下饭。

杞梁的母亲说：“你如果没做出什么值得别人赞誉的事，死后无法在历史留名，那不管你选不选得上这五辆兵车的勇士，大家也还是会嘲笑你；如果你做得到，那今天那些入选的人不过都在你脚下而已。”

战事开始，杞梁和华舟同乘一辆兵车侍卫庄公，两军一交锋，杞梁和华舟立刻奋不顾身地下车战斗，斩杀敌人多达300名，庄公看到两人这种不要命的打法，赶快下令阻止：“两位壮士别再这样拼命了，你们的勇敢我看到了，我会升官褒奖你们的。”

杞梁和华舟说：“您遴选勇士，我们没有入选，这是您认为我们不够勇敢；而现在又以官禄来阻止我们杀敌，这更是污辱我们的人格。深入敌阵杀敌制胜，是我们身为战士的职责，至于升官发财，可不是我们所敢期望的。”

于是两人继续向前冲杀，莒人遂溃不成军，退入城内。杞梁和华舟追到城下，莒人在城墙下撒满炽热的火炭，两人被阻隔而无法攻城。

这时担任他们车右（春秋时的兵车，一车有三名甲士，主将在左，司机在中间，另外一名称为车右）的显俣重冲上来："我听说古代的勇士，可以为实践自己的心志牺牲生命，来！我来帮你们冲过去。"

于是显俣重抱着盾牌伏在火炭上让两人垫脚前进，自己却牺牲了。

两人边战边流泪，华舟哭得较久，杞梁说："你怕了是不是？怎么哭个不停？"

华舟说："我哪里是怕，只是显俣重和我们一样勇敢，却先我们一步而死，想起来很难过而已。"

由于后继的齐军无法跟进，两人遂被莒兵重重围住，莒人很敬佩两人的勇气，说："看你们两人这种勇气，如果肯归顺莒国，我们不仅不杀你们，而且会赏你们高官厚禄。"

杞梁和华舟说："背叛国家投降敌人，就不是忠臣；而且清晨开战前所立的誓言，战到中午有危难就违背，这是不诚信的行为。我们身为齐国的战士，只知为国杀敌，至于莒国的高官厚禄，那是别人的事。"

于是两人继续战斗，又足足杀了二十七人，终于战死。

杞梁的妻子听说丈夫战死，非常伤心，哭得城墙崩塌了一角。

从《说苑》的记载来看，杞梁和华舟这两个人矢志无悔地早已打算去死，就像现在拍的某些黑社会英雄电影一样，总是为着实践某一个小小的心志（如洗刷耻辱、面子、朋友义气、说过的诺言或是一分情感），顽固得谁劝谁拉也没用，因小失大也不管。

单一的一种德性被夸大、严厉地使用，其结果通常是一场灾难。

为什么我们先强调这是“从《说苑》的记载来看”呢？因为这则故事曾经跟中国历史另一场惊天动地的“大灾难”有关。

戏曲里被一演再演的大悲剧

杞梁也叫杞殖，这个故事的原始记载是在《左传 · 襄公廿三年》，齐侯也是齐庄公，敌方也是莒，但情节是杞殖、华周（舟）两位大夫因事落单，大会战前先碰上莒君亲率的主力部队，被招降不从而战死。后来齐莒和谈（力量小的莒国打胜所以和谈），齐庄公归国，在路上遇到杞梁的妻子，便顺口吊问。

杞梁的妻子说：“如果杞殖有罪，那您大可不必吊问；如果无罪，您应该到家里吊问。”

于是齐庄公到他家吊问——记事的重心是说杞梁的妻子知礼守礼，杞梁只是男配角而已。

比较起来，《说苑》的记载就翔实多了，但却“发展”了杞梁妻子惊人的哀痛，而略去她冷静守礼的一段。

更有趣的是，《说苑》的记载一定会让人想起一则家喻户晓、惨绝人寰的故事：孟姜女哭倒万里长城。这在戏曲里被一演再演的大悲剧，说的是万杞梁孟姜女夫妻的凄惨遭遇，时间背景是秦始皇修筑万里长城时。万杞梁看起来是文弱的白面书生之流（适合悲剧男主角造型），被无道的皇帝征发筑城而死，尸体又被和成泥砖成了建材，孟姜女万里寻夫到达工地，知道丈夫已死，悲伤大哭，惊动天地，造好的城墙应声而塌，故事到此最高潮结束。

这样的一波三折，发展到最后可不只是哭倒万里长城而已，还差点哭倒了中国的早期历史和中国史书的可信度，时间是民国初年，顾颉刚登场。

历史的细节

以《古史辨》一书爆开对中国信史全面宣战的顾颉刚，自称他疑古的开始是“看了二年戏，聚了一年的歌谣”，其中关键性的地方，便在于他看了戏曲的《孟姜女》。

顾颉刚自言发现了一个有趣的现象，即是从《左传》的记载到戏曲的《孟姜女》，离事实发生的时间愈久，反而在细节上描述得愈清楚。顾颉刚在书中列举了这个发展过程中一些“失落的环节”，比方说，西汉时虽略去吊问一段，却增加了哭崩城墙的情节，到西晋以后虽然有不同的说法，但却多知道了是哪座城崩塌（一说是杞都城，一说是莒城），到了北宋遂连杞梁的妻子也有了名字了，是为“孟姜”，最后顾名思义，“孟姜”也有了合理的身世，是孟家和姜家共有的一个女孩。

这种愈到后来却知道更多的现象，顾颉刚称为“层累造成说”，并由此断言秦代之前的中国早期历史记载，都是如此由后人伪造添加、层层涂抹弄出来的，里头完全没有历史事实可言。

由此，在清末民初的中国历史反省氛围里，遂如火燎原的成为人类史上最彻底的疑古运动。

也说孟姜女的故事

这里我们先将话题岔开，谈个纯粹有趣的问题。

我想从宋人开始把杞梁之妻定名为孟姜，已经很好玩了，猜测是因为这个名字“很像”春秋《左传》出现的女人“姓名”，而且杞梁一家又是齐国人的缘故。

更有意思的是，这个名字却进一步地发展为对身世起源的想象——话说孟姜女不是正常怀胎十月所生（预留了后来可以哭倒长城，非凡人能耐的神秘性伏笔），而是产于一个根生在孟家、果实结在姜家（或倒过来）的葫芦瓜中，刚好这毗邻的两家皆无后而不愿放弃，出现了所有权的争议，最后息事宁人的为两家所共有共养，连姓也是“孟姜”并列，称为孟姜女（绕一圈名字又消失了）。

依春秋时来说，孟姜其实不是真正的姓名，其意思大约是“齐国皇家的长公主”或简单的“姜家长女”之类。怎么说呢？“孟”字原通于“伯”，是排行的首位，如鲁国三家大夫的孟孙氏便是和鲁君同是姬姓的庶长子一脉，后来才慢慢再发展为姓孟。

至于“姜”则是齐国皇家的姓氏，源自于开国者太公姜尚，“春秋”的记载女性是没有名字的，来自和周天子一样姬姓封国如鲁、蔡等的宗室女儿，一律称为姬，如鲁姬、蔡姬等，齐国则是“姜”，如哀姜（遭遇凄惨的齐国皇家女）、齐姜等，至于陈国姓妫，秦国姓嬴，亦称为“妫”和“嬴”——很巧的是，字里头皆有“女”字。

由于周代封国，同姓占到七成以上，因此《左传》中姬姓最多，叫什么姬的女子也出现最多，遂慢慢变成一种女子的通称，但多少还保留着原来皇家的高贵意味和美人的意思（一般人总容易很呆地把地位尊贵和美丽这两件事混为一谈，如同我们小学时总觉得班上功课好的女生比较美丽一样，但硬要附会来说也不是没道理，因为权势高者总较有机会“得到”美女，喜欢批判历史的人会比较喜欢这个联想）。

以这个角度来看，从《左传》里知礼守礼的妇人到哭倒万里长城的大型苦胆，语言文字的意义变动，不仅“干扰”和“误导”了这段史实的记忆，甚至我们似乎还可以这么说，语言文字就是产生变化的主体。

不必大惊小怪

我们回到顾颉刚来。

顾颉刚的“层累造成说”很有趣，但其中概念含混不清，以及抓住单一概念过度扩充使用的毛病也很严重，破是破得很彻底，但完全经不起时间的考验，今天来看，《古史辨》书里那些豪壮的断语，绝大多数不是“事实”，这当然不必多说。

我个人的一点想法是，孟姜女故事这样的一波三折，若不是在“五四”和传统彻底决裂的意识形态之下，原是可以不必得到这样大惊小怪的结论的，因为以传说为主体的早期人类历史，本来就不免有这样加油添醋的现象，尤其是发展为戏曲或文学形式时，自然有更多想象的成分。人类对早期历史的重建和理解，一直便是在这样的前提下，如何“合理”的剥去一些荒诞不经的成分，寻求出“可靠”的历史事实来，希腊人如此，犹太人如此，倒很少是发现有不明添加物时就断然地弃置不顾。

顾颉刚的另外一个大问题是，抓到西汉末年，刘歆（很遗撼，就是《说苑》作者刘向之子）为了替王莽篡汉找到合理化的基础，伪造了很多典籍的意外事故，而把自然的流变皆解释为有意的伪造，这两者当然大不相同。

如果我们不先激怒自己，这种自然的流变和增添其实可以非常有意思——就像、而且不只像我们前面对孟姜女这个故事的小小演练。

秀才遇到兵

我以为真正麻烦的，可能是原有价值观的失落和原来根深蒂固的生活方式急剧崩坏的问题。因为它是异质的，原来的崩坏了很难用外来的填补，这时便呈现真空混乱的状态。

故　事

楚成王召集所有依附于楚国的小国诸侯，并指定鲁君当他的车夫。

鲁君和臣子们商量："鲁国虽是小国，也是当年周天子封建的，现在楚成王居然要我当他的车夫，这能答应吗？"

众人都说不该答应，只有公仪休说："不能不听楚成王的话，要不然鲁国一定会亡国，保护鲁国和所有的人民的生存，是您身为君主无可替代的职责。"

于是鲁君答应替楚成王驾车。

鲁国是周公之后，因此文献典章最完备，文化水平也最高，一些只有天子才能举行的祭礼和只有天子能听的音乐，因为周公代理过天子，为了纪念他的功业，鲁国多少被特案处理可以使用，于是在周平王被西方来的犬戎赶出镐京，家当细软不及收拾、几乎丢弃一空的状况下，鲁国俨然成为周代的文化博物馆，后来季札周游列国，便是在鲁国欣赏了快要绝传的历代天子之乐。

鲁国后来又成了儒家的发源地，更被视为中国思想传统的星宿海。但另一面是，鲁国始终是个积弱不振的国家，整个春秋时代算下来，打赢战争的次数屈指可数，而且多半是在败得很惨之后的背水一战，才不小心打赢的——比方说曹刿。

可以这么说，鲁国是春秋时代典型的秀才，这个故事说的正是它“遇到兵”的一次。

别跟我讲道理

既然是秀才遇到兵，意思就是没什么讲理的余地！所以公仪休极识时务，那就什么也别说了去开车吧！

其实有车可开可能还不是最坏的，历史上还有人更倒霉。

宋朝初年，宋太祖、宋太宗两兄弟逐步扫除五代以来割据分立的各个小国，当时位在长江流域最为富庶繁华的南唐，一直很安分恭顺，来往信件都遵循臣子对天子的礼仪，还年年贡献大量的金钱布帛，但终究宋太宗赵光义还是出兵南下，南唐后主李煜自言无罪，遣使申辩没有理由加兵南唐，太宗的理由是：“我睡觉的床铺旁边，怎能容许有别人一起呼呼大睡？”

这当然也是不讲理，但历史的理由往往这样也就够了。

鲁君必须当司机

十九世纪以来，我们已经开始相信人类大部分时候并不怎么理性，历史是人的记录，同样有很多时间也是不讲理的，很难以简单的理性去面对，也很难以简单的理性去理解。

这么说好了，尽管价值观有因时因地因人的差异，但大致说来，文化水平、生活程度、文学艺术、工匠技艺以及更抽象的思想理论，大体上是人类努力追求的，我们也常以此来判别不同文化、不同种族或国家的高低优劣，但在历史一些实际的竞赛里，却不是采用如此十项全能式的比赛规则，把这些不同的项目整个加起来计分。相反的，常常只比一个单一的项目，这时你无法说，我的文化水平比你高，我的人民生活比你的好，或者我的诗词歌赋写得比你出色。所以鲁君必须当司机，而李后主也不得不成为亡国之君。

历史上有不少十项全能的好手，便都是这么败下阵来，比方说达罗毗荼人（早期印度文明的创建者，其文化水平之高及城市水道系统之完备令人惊讶）亡于北方的雅利安人，埃及壮丽的王朝亡于山中牧羊的西克索人，光芒四射的希腊诸城邦亡于马其顿人，而伟大的罗马帝国则亡于被匈奴驱赶西窜的印欧蛮族等等。

这些事实多少总令读史的人不太平衡，尤其是对美善的事物怀有好意，对一些看起来亘久"不应该"变动的价值抱着较多热情和信念的人，更是觉得痛苦。

亡国与亡天下

稍稍值得安慰的是，这些高水平的文化有可能不随着其创建者的覆亡而跟着完全消失，也可能"化做春泥更护花"，被取而代之的另一个民族所吸收学习（如古巴比伦），或由原创建者的后代重新熔铸出新的样式来（如中国）。

顾炎武便曾有亡国和亡天下这两种分别的说法，前者指的是实际政体的倾覆，后者则是文化的消亡。顾炎武认为，政体的倾覆并非末路，还是有机会复兴起来的，而文化的消亡才是让一个民族真正的一去不复返。

顾炎武是明末清初读书人，明朝的覆亡于后金政权始终无法撼动，是顾炎武重新思考历史的主要根源。

我们很容易发现，这样试图分出政权和文化不同的危机本质，不仅在情感上有其必要，也多少是意志的投射——清室的入主中原虽然在短期内看起来完全无可奈何，但历史并没有结束，只要汉民族的文化能护持得住，他日还是有机会复兴的，因此，文化的继绝存亡取代了政治军事的斗争，成为今后最当用力的所在。

但这是真的吗？

简单从中国历史的经验来看，有可能是对的。比方说，五胡乱华之后有隋唐，辽金元之后有明，这两次鲜明的历史经验，就算不能证明其为必然，起码能说明是有机会的。只是，事情当然并不像表面这么轻松。

毕竟，文化和政权的成败并不是这么容易一分为二，实质上如此，身处其间的心理状态更是如此。我们先简单来看后者：通常，政权毁灭于外族，很自然会刺激出对自身文化的质疑，这样的质疑可能是深刻的、悲痛的、彻底的，但却很难是理性的。

就以五胡乱华为例，当时汉民族的平均文化水平显然远高于在北方耀武扬威的胡人。这种结论对我们今天不难，但对于目睹现实从繁华到残败丧乱的人，这样想能安心吗？负责任吗？解释或解决得了当前的问题吗？这算不算一种不敢面对现实的遁词呢？

甚至，就算不管是基于民族阿 Q 或深沉理性的反省，相信有这样的结论，但问题依然是存在的：好吧！生活水平高一些，诗词歌赋好一些，工匠技艺进步一些，宇宙本体的理解深邃一些，典章制度完备一些，人性的思维精致一些，但“事实”证明，这有什么意义？能拿来干什么？是不是反而是一种病态、一种包袱或腐化衰亡的根源和征象？适足以妨碍一个政权和民族的活力和持续生存的力量？

这些问题可能有各式各样的答案，但千绕万绕，总会绕回到一个暂时无法改变的事实，即：眼前人家的胳膊就是比你粗，你就是不行。更何况，这些问题并不是问一次就能安心地“存档”起来，从此可以义无反顾地用力于文化，而是要在通常是“愈来愈糟糕”的现实世界里一再疑惑、失望和反复思索，而不可预见的遥远未来也一再考验人理性思考的可靠性。

为什么说现实的状况通常看起来愈来愈糟呢？从简单的政权改变而言，不管是日趋稳固（如元、清）或持续动乱（如五胡乱华），总是持续个几十年上百年，这是人寿两代三代以上的事了，换句话说，像顾炎武这样目睹覆亡而重新激发斗志的人，所面对的通常是时间流逝、年华老去而没有任何具体的“结果”。

而这个“结果”是什么？简单来说，既不是原来的样式，也不是当时的人所能想象的，它必然是“新”的，政权是如此（如晋、宋、明的不可兴复），文化更是如此。

文化的重建通常比政权的重建耗时更久，涉及的层面也更复杂，这种不容易看见成果的情形先就很容易令人灰心；而且，在挫败到重新熔铸的过程中，对其方向和内容也更难以理性地选择和掌握，常常某些看起来珍贵无比、损失不起的部分毫不留情地在眼前不断消失，某些极其刺眼的事物却不断地取而代之。

比方说五胡乱华的前期，有名的《颜氏家训》便有“年轻一辈的争着学讲鲜卑话，学弹胡人的琵琶”的忧心忡忡，当此之时，谁能相信两百年后还能出现隋唐文化的另一高峰？谁又能知道唐朝的宗庙朝堂之乐大部分竟是源自胡族的乐曲？使用的乐器也多是昔日胡族的乐器呢？

会坏的和不会坏的

当然，这样一路谈下来，我们并不能让事情变得容易些，也没有找到一个可以在文化的危机和重建过程中履险如夷的“攻略本”，甚至，我自己根本就怀疑有容易的方法和过程存在，否则魏晋南北朝就不需要搞到二百五十年之久，而清末民初以来的问题，直到今天我们犹在思考、疑惑和战战栗栗地前进。

这里，我们只试着弄清两件事：第一是在单项竞赛中被击败，有时不见得就代表你什么都不行，这是顾炎武提醒我们的积极意义；第二，吊诡的是，若你自认是比错竞赛项目（但这是不得已的）的十项好手，你却不必太去记挂你那些暂时派不上用场、如锦衣夜行类的非凡技艺，这是相信顾炎武话的人一不小心就变成的德性。

在这种号称保存、实则创造的重建过程中，我们可能有必要知道，有些注定要坏去的东西只好由它去坏，又有些注定不会坏的东西，也不必太紧张担心它缺腿少胳膊。

什么是注定会坏去的？比方说现实生活层面的“硬体”成就部分，像达罗毗荼人的惊人水道工程，或是未遭胡人劫掠前《东京梦华录》里描写的繁华富庶的北宋汴京云云。

什么是不会毁坏的？比方说一些既有的创造成就，如文学、艺术等，并不会有“失去”这件事。英国衰弱了，莎士比亚还是英国人，中国吃败仗，李白也不会改国籍，就算如古埃及的神像或中国的青花瓷被搬到大英博物馆，也改变不了历史的事实——若我们要藉着面对这些祖先的伟大创造来发思古之幽情，以励今日的民族之志，在哪里看到应该没太大差别，甚至我猜想在异国冰凉的玻璃柜子中，或别人出版的杂志图片中看到这些东西，可能我们的反省还会更复杂、更深邃一些。

又，比方说一种长期积累的理解和智慧——生活的、生命的，从宇宙本体到一花一草云云，则这些东西本来就是拿来学习用的，而不是保存用的，单项比赛比输了输不去，赢了，也不是你就可以不费力地自然继承。

一种信念、一种豁达

我以为真正麻烦的，可能是原有价值观的失落和原来根深蒂固的生活方式急剧崩坏的问题。因为它是异质的，原来的崩坏了很难用外来的来填补，这时便会呈现真空而混乱的状态。这的确是最令人沮丧焦虑的，若我们认定原来的比外来可能填补的要美好高明，那就更令人痛苦了。

然而，价值和生活方式的问题，本来就是黏贴在现实情境上与时俱化的，而且是由所有人的意识与无意识共同“集成”的，因此，在重建的过程，不仅原有的现实情境没有了，而且也不只是个人自省自觉的问题而已，它的主体工作，应该是和新的现实情境，和所有面对价值和生活方式崩解的人的“对话”，心怀保存之意也许不能说不对，但却是不太恰当的。

魏晋南北朝时，汉家的正朔和汉家的文化随着中原衣冠的南渡，保存在江南，然而王猛不随桓温南渡，崔浩出仕拓跋魏，以及之前的张宾，后来的高允、李冲等人，却是直接投身在文化跟着政权的崩溃不绝如缕的北方，二百五十年之后隋唐的文化重新登上高峰，南北的努力都有一定的贡献（隋的典章制度很多是南征统一后才参考南期建立的，见陈寅恪先生的考证），但我以为工作更艰难、成就更大的主体工作是在北朝完成的，王猛、崔浩这班人终究没让晋代之前中国的十项技艺成为落日余晖般的美丽晚景。

在这艰难的文化重建过程中，我以为，一种信念，一个豁然的心胸，可能比汲汲的存留之心要有力量多了，这是我个人喜欢北朝诸君子远胜南渡衣冠的地方。

“我怎么敢不来呢？”

话说北朝的石虎以残暴敢杀著名，有一回他征召一个他父亲石勒屡召不至的著名隐士（名字我忘了），没想到这一次隐士却随传随到，石虎很得意也很惊讶地问：“为什么我父亲召你多次，你都相应不理，我一叫你就来了呢？”

隐士说：“你父亲是个知道敬重人的君子，我依照自己的心意不来，不会得罪他；你就不同了，我要是不理，可能明天脑袋就搬家了，你说我怎么敢不来呢？”

有关“民心向背”这件事

所谓的“民心向背”一直是传统中国认为政权存废的最重要关键，高于形势、资源、甚至武力的强弱。这是真的吗？

故　事

楚庄王想讨伐陈国，先派人一探虚实，派去的人回来报告：“陈国不宜讨伐，因为城墙建得很高，护城河挖得很深，又储备了十分充裕的粮食，整个国家看起来很安稳。”

楚庄王说：“照你所看到的来判断，陈国绝对是可以讨伐的，陈是小国，却能积蓄这么多粮食，可见老百姓要纳很重的税；城墙建得高、河沟挖得深，可见一定过度的使用民力。这样的国家，老百姓一定非常痛恨居上位的主政者。”

于是楚庄王出兵讨伐，果然灭了陈国。

我选择这则故事是因为三个理由：第一，同样的现实状况（城高、河深、粮足），楚王和派去的探子却看到完全不一样的东西；第二，楚庄王的研判，无意中给我们对春秋时的税法一些线索；第三，这则故事可让我们不带“污染”色彩来重新想一下一个古老迂腐的历史教训，即所谓的“民心向背”这回事。

读史不能“太老实”

读史有时要有这样的“刁滑”，不能太老实。

历史的记载有很多类似“闲人勿入”的告示牌。举几个较简单的例子，比方说，唐朝几代的皇帝总对自己的女儿谆谆教诲，要她们敬重丈夫、侍奉公婆，并且非常细节地规定见面相处的礼仪的详细步骤，读史的人切莫上当，以为唐代皇帝家教严谨、平易近人，我们只要配合唐高宗以后的简单史实，很容易发现，唐代其实是“女权高涨”时代（当然是相对于其他朝代，尤其是理学抬头、从头到尾没有女祸的宋代），尤其是帝王家的公主更是跋扈嚣张得不得了，能力强的如太平公主长期是睿宗、中宗年间的大权势者，能力普通的也是骑在丈夫公婆头上，几代蔚为风气，盛唐前的唐代驸马爷，绝不是如演义小说或戏曲故事里那种一登龙门、飞黄腾达的模样，而是有能力有个性的人敬谢不敏，专供世家子弟的软骨头所用的职位。

又，比方说，汉哀帝限制个人占田超过三十公顷，这不单纯是公家抑制商业兼并的信息而已，高达三十公顷面积的限额，其实更近乎是一种妥协，直接说明当时土地兼并的严重程度。

又，北魏的土地改革是有名的“均田制”，规定人民的土地由公家分配，分为露田（死后归还）和桑田（永久保留），其中连奴隶也享有分田的权利，这当然不是人道的考虑，而是土地改革时的妥协。我们配合其他史料，知道魏晋南北朝是门阀现象最严重的时代，有祖先名望的世家甚至都有公定不变的“排名”（这个排名还一直贯穿到唐代，后来因激怒了唐太宗而重新排行——并不是取消），而世局的长期纷乱，更让一般平民投靠有权势的世家自保或逃避赋税劳役，形成庞大的私家势力，这样巨型的既得利益者，当然会尽力抗拒任何改革。因此奴隶也授田而不配合蓄奴人数的上限，结果是有私家奴隶愈多的权势之家，就相对分得更多的土地，如此遂能抵消大部分改革的抗拒力。

不经意的大发现

读史的过程，便充满这样“两面看”的现象，但我们所要自我提醒的是，这种方式是要更广泛、更审慎地配合其他的史料来作研判，才不致沦为片面的任意曲解历史，毕竟，偷闯入高尔夫球场惹的祸，至多是被管理员发现挨顿骂赶出来而已；任意乱闯历史，损失的却是我们自己正确的认知和理解，甚至养成难以戒除的读史恶习，这可就不是件好玩的事了。

除了“闲人勿入”式的以外，另有一种是不小心透露出来的信息，这类的发现也是读史过程中很过瘾的事。

先用楚庄王这则故事当实例比较容易建立感觉。我们知道，春秋战国之际，是土地制度和赋税制度变动的时代，而不必等到商鞅。但史书上直接的记载却很少，纯粹的间接推论固然也并非不可靠，但若能发现一些信而有证的史料，到底使人放心多了。

周的井田是差不多百分之十的税率，但这则故事里，楚庄王却直截了当猜想陈国的税赋沉重，周的力役是男丁一年不超过三天，楚庄王却说陈的使用民力过度，可见当时不遵行周天子的税法已经是常态了，连惊讶都不需要。

这种不经意留下的史料，对现代读史的人而言，常认为其可靠性超过直接的记载，这是有道理的，因为是不经意的，所以少了因种种禁忌而修饰掩盖的“污染”，纯净性较高。

而就算我们相信中国的信史可信度很高，写史的人也普遍不为势劫、不为利诱，但这种不经意留存的史料，也依然有其更根本性的价值。

我们知道，每个时代都有每个时代不同的价值观，在特定的价值观制约下，各有其不同的注意焦点和盲点。比方说，中国的儒者有一套自成体系的救世哲学，也自然形成一种看待世界的方法，尤其后代儒家的道德倾向转强，对现实事务的兴趣降低，这样来写史，很多实务层面或技术层面的事便容易逸出他们的记叙范围之外，对较注重实务的现代人而言，比方说想对经济方面的史实做进一步的探讨时，动辄便有直接史料不足的遗憾，这时广泛地从各方搜寻无意留下的材料和证据，便是最重要的脱困之道，像《东京梦华录》原是缅怀北宋汴京的记叙之书，但书中对当时城街、居民、市场及平民日常生活的具体描述，却成了理解宋代经济的重要史料。

另外，同样的问题，不同的原因，比方说早期较简略的记史方式，加上年代久远，因各种意外史料湮失，使历史图像的重建，更需仰赖此类史料的辅助云云。

谈谈“民心向背”的问题

最后，我们来谈谈“民心向背”的问题。

所谓的“民心向背”，一直是传统中国认为政权存废的最重要关键，高于形势、资源、甚至武力的强弱。

这是真的吗？

如果我们不用“民心向背”这个已经熟稔的名词，试着把事情还原为：自求生存，趋善避恶，这是所有动物包括人类的基本天性，因此人类违背、反抗对自身的生存构成威胁的统治者，甚至更进一步地向可能摧毁或取代这个统治的另一支力量表示欢迎，这不又是看起来很合理很可信吗？

我们当然很轻易地就能举出一堆史实当反证，人类的历史当然也不完全依循生物的本能前进，那这些相对于人的生物本能“后来”（概念的先后，而不一定是时间的顺序）介入，并抵抗或迟滞了人类生物本能的文化性制约又可能是什么呢？

这是个“大哉问”的问题，必须有深广的讨论幅员，这里我们仅能简单地提出一两个侧面当做思索的参考。如依我的看法，一个是意识形态的力量，一个是统治的技术。

统治技术的成坏

另外一种有效压抑本能的因素是统治技术，这是愈到近代愈显现力量的。

从反抗之心到成为有效的反抗之间，其实有很遥远的距离。散漫、无组织的大多数人其实只是一只庞大、行动迟缓的恐龙，往往被有组织、有各种“工具”为利爪的少数人长期压制。

赫胥黎在《美丽新世界》书中，预告了二十世纪以后，药物、特务机构、政治体制、心理学的运用和其他统治工具的进步，将使人类解放的处境愈来愈艰辛。但这种事自然不是忽然发生的，所谓的“技术”和“工具”也应该更广义地去理解。

统治技术的起点，可简单追溯到统治行为的开始，而其和护卫自己“本能利益”的广大人民之间，可以有点像生物演化里肉食动物和草食动物之间，彼此不断因之发展出更锐利有效的猎食技术和奔跑逃命速度这样精益求精的演化过程。

而除了有形的工具和更有效率的组织而外，甚至意识形态的力量，只要一旦有人察觉出这个力量，并主动而有意识地加以运用，都可以直接成为很有力量的统治“工具”。从历史的事实来看，我怀疑不只是希特勒，这种意识形态的人为使用，可能远比一些有形的工具如特务机构或药物要来得早，可以一直上溯到最早的统治机制如埃及、巴比伦的古老王国。

我们说的，不过是其成熟期出现得较晚。以中国的历史发展而言，我个人的想法是明朝这个比较接近今天“专制”定义的政权，可能是统治技术进入成熟期的较适切落点。

重现实利益的民间性格

从这个角度来看，在中国早期历史的宗教神圣性薄弱，种族意识不发达的状态下，“民心向背”这句话有可能是较大程度的历史经验归纳，较小程度的道德断言。

以我个人读早期历史的经验，每每感觉到当时的人民相对长期在道德教条和政治威权底下那种“打不还手，骂不还口”的顺民形象大有出入；相反的，我更常感觉到，那时候的人民可能比较接近相当现实无情、相当没有耐心、动不动就起来造反的“刁民”样子。

当然，基于写史者“我们都是黄帝子孙”这种原则之下，历来的圣人豪杰似乎总和三皇五帝挂得上边，使我们不容易在读史的过程里简单分辨得出世家贵族后裔和市井百姓（比方说孔子到临终梦到自己的丧礼才猜测自己可能是殷商的后代，但历来替孔子整理的家谱却非常清晰有渊源，甚至说他原有机会当君王的，不过因为有个高贵的祖先礼让掉了宋国君王的位置。）。但人民若真有太大的耐性，很难解释春秋时那种“弑君三十六，亡国五十二”的实际历史过程，也很难解释中国历来改朝换代的历史事实，尤其是像汉代这种直接由平民起义、并完成的现象。

本能的反抗缺乏意识形态的力量来有效牵制，可能是中国早期历史较不稳定的根源——当然稳定常也意味着很多人必须有所牺牲，其间的善恶得失还得看我们从哪个角度来理解。而同时，这种不太黏着于单一种族意识、倾向于计较现实利益的民间性格，似乎也比较容易说明，中国历史上对于外族的入侵，通常回应得不够“积极”，少有玉石俱焚的全面抵抗行为，孟子所说箪食壶浆、引领而望那种嘉年华来临的欢乐景象当然夸张了些，但多少有“如果实质的生活有某种程度改善，倒也勉强可以接受”的意味。

这个很柔弱也有很刚强一面的人民性格，就像老子说的：“人民是最柔弱的，但却不可压迫；人民是最愚笨的，但却不可欺骗。”对中国早期的历史而言，其实是有着相当的洞见。

文明是建立在人类本能的压抑之上。“民心向背”这件事，从一部分的历史经验，走到几乎纯粹性的道德断语，您觉得可以怎么来进一步思考呢？

行仁义不等于王天下

不夸张地说，想用后代儒生那种“只知仁义，不谕其他”的简单概念来涵盖儒家真正的想法，甚至想由此理解中国历史的发展，无疑天真得可耻。

故　事

王孙厉对楚文王锐：“徐偃王好行仁义，汉水以东三十二个诸侯都臣服于徐，如果不赶快讨伐，恐怕楚国不久后也得臣服于徐国了。”

楚文王说：“如果徐偃王真是个有道的君王，那徐国是不能攻伐的。”

王孙厉说：“大伐小，强伐弱，这就像大点吃小鱼、老虎吃小一样，哪有什么不能讨伐之理。”

于是楚文王出兵灭了徐国。

徐偃王行仁义而身死国亡，乍看像中国历史上的一件“意外事故”，对奉行孟子“行仁义＝王天下”这样坚强逻辑的后代儒者而言，实在是很伤感情的一件事，因此只好假装不知道有这件事情。

不得“不善良”

其实眼不见为净并不是办法，如果今天还有这样的儒者，应该认真地去翻翻书，在中国历史里，这样行仁义却身死国亡的事实还有更早的，而且还是被儒家尊为三代以来首屈一指的仁君——周文王——灭掉的，这个国家叫密须，是文王伐商前的热身运动，很倒霉第一个就被开刀的对象。

不夸张地说，想用后代儒生那种“只知仁义，不论其他”的简单概念来涵盖儒家真正的想法，甚至想由此理解中国历史的发展，无疑天真得可耻。

这并不难理解，中国历史真实地存在了五千年之久，其间在这块土地上活过、挣扎过、奋斗过、哀伤过的生命，又何止亿万之数，面对过无数的生老病死、天灾人祸、战乱流离、改朝换代，这当然不是一张纯洁如白纸的经历，也不可能沉淀出什么样天真甜蜜的历史经验，在现实严苛不容情的检验之下，并没有太多的侥幸是可能活过整整五千年的。

演义里有诗说曹操：

临流筑台距太行，气与理势相低昂；
安有斯人不做贼，小不为霸大不王。

说历史上成霸成王的人都“做过贼”可能夸张了一些，但对中国历史不得不“不善良”的一面，却是很有洞见的。了解了这个，我们对诸如汉高祖于项羽的背信，于一干功臣的诛戮；或是唐太宗于玄武门事变中杀兄李建成、杀弟李元吉，除了不平和悲悯之外，才能对历史有深一层的认识和理解。

这样的理解，不用借贫血的仁义来掩饰，也不必用“败絮其中”的虚伪心态来嘲讽。

无关乎道德

把仁义进一步扩充为道德系统，或许可以减少点陈腐味，让事情有机会变得明朗一些。道德的功能究竟如何，随着时代的不同、价值观和对人性假设的不同而有无数的争议，但大致说来，可能有这么几样：

一、道德系统的建构须经缓慢的、积累的过程，不可能一蹴即成。

二、道德的功能常表现在整体性“体质”的改善，却往往拙于应对特定的、要求立即时效的现实问题。

三、在较简单、较静态的社会，道德的涵盖面和影响力往往较广泛，却随着社会结构的日趋复杂，现实问题的日趋专业而消退。

四、极端的道德主义常引发灾难。毕竟，再简单、再静态的社会，也不可能完全没有技术性的现实问题（强迫社会简单化、静态化本身就是一场大灾难）。

这里比较极端地用战争来试着说明。

战争可能是人类社会最动荡、现实问题最急迫——甚至迫切到当下不解决就活不下去——的时刻，因此对既有的道德系统的毁灭力最强，同时人在其中若过分黏着于道德的规范，不仅危险，甚至可笑。罗素便是充分意识到这个，而在第一次世界大战前夕，力主英国不要抵抗，不要卷入战争，因为除了战争本身的杀戮和毁灭之外，更可怕的是造成“精神上的罪恶”，把人逼入一种掠夺的、残酷的、不正义的精神状态，换句话说，就是道德系统的摧毁。

在《孙子兵法》里便有两句聪明锐利而有点怕人的话：廉洁

可辱也，爱民可烦也。廉洁和爱民本来都是正面的、值得用力护持的好德行，但在生死一线的状态下，却猪羊变色地和“怯懦”“急怒”“好斗无谋”并列为将帅用兵最大的五种危险。历史上，项羽基本上比刘邦有人情味却想不开，窦建德也远比唐高祖李渊仁厚却多牵挂，这两个人也都在真枪实弹的交锋下败下阵来。

最典型的例子莫过于春秋时的宋襄公，在和楚国一场决定性的战役中，楚兵渡河中途的好机会他不攻击，渡了河阵势还没排好他也不攻击，为的是信守不“诈胜”的道德规范，结果一战大败，不仅自己负伤，宋国也从霸主从此沦为春秋时的二流角色，历史给宋襄公的评价，是嘲笑远多于赞佩。

假装没看见

我的想法是，因着往往和现实问题对立这样的基本性格，中国的道德系统起码从春秋战国以迄于西汉初年，很难保持其有效性和发展。毕竟，这是一段相当不平静的时期，包括两个阶段长时期的民族争战和融合。早先四面八方的夷狄和后来北面的匈奴，各国不间断的内战，商周以来宗法社会的解体，土地制度的变动和商业力量的迅速抬头等等，这些错综复杂又得立刻寻求对策的现实问题压缩在一起，想单纯依赖道德的救赎力量来收拾，无疑会碰得焦头烂额。

在此期间争相发言的诸子百家中，道德色彩较重的首推墨子，其次才是以孟子为中心的儒者，这两个学派一度成为显学，但前者很快就销声匿迹，儒家则走向“孔—荀”一脉的现实主义（相对于“孔—孟”的道德走向而言），并进一步启迪了原就扬弃仁义道德、强调现实功利权谋的法家。

一直要到汉武帝收拾匈奴，汉王朝解除基本上的内忧（秦以来的残破）外患（匈奴）为止，都是现实主义高涨的时期，这段期间在历史舞台叱咤风云的人物，如春秋五霸、管仲、商鞅、张良、萧何、叔孙通、晁错、桑弘羊等人，哪里有什么道德色彩存在。用叔孙通的话来说，正是“这是矢石交加生死一线的时刻，哪里是儒生那套仁义道德可用之时？”

因此，墨子和孟子的短暂光芒，当然不是因为他们的主张适时地说明了或解释了这段历史的实况，可能只是一个反动，是最现实、最权谋的战国时代——即后世儒生所谓最“浇薄”的时代——的一个反动。

我个人以为，这可能比较接近历史的真相，因为这确实是一段“动”的时代，也是中国历史上活力最丰沛、创造力最强、心灵上最自由的时代——相对于同时期的其他文明或相对于宋明以后中国的“停滞”。

否则我们只好假装没看到当时如遍地花开的各种言论，鲜明而且人性的诗歌文学，变动尝试中的土地和经济制度，动不动数十万人口的大型都会的产生，精致而多样化的工匠艺术品，不依赖奴隶制度而可能建造的大型水利和公共工程，乃至于几次规模吓人的动员北伐所显示背后的经济力和生产力等等。

孟子的真心话

最后，我想替孟子说几句话。

在《孟子·梁惠王下》里有这么一段：

滕文公问孟子：“滕是小国，夹在齐楚两大强权之间，投靠齐就得罪楚，投靠楚又得罪齐，投靠不见得有好处，得罪却随时有灭亡的危险，这怎么办呢？”

依照惯例，孟子的标准答案应该是这么来的：“主上啊！您又何必担心国家大小的问题呢？想当年商汤的土地不过七十里平方，文王的土地不过一百里平方，最后还不是统一了整个天下。重要的是您能不能像商汤文王一样行仁义道德，只要行了仁义道德，还怕这些大国不臣服于您吗？齐楚又算得了什么？”

但很有趣的（或很遗憾的），孟子这次的回答是：“这我也不知道能怎么办，勉强要说，您或者可以像早年的古公亶父避开翟人迁居岐山一样，带着您的人民离开现有的土地找寻新生；若不想搬家，那只好把护城沟挖深一些，把城墙筑高一些，尽可能号召国人团结，和国家共存亡，也许还有机会也说不定。”

这样无奈又充满无力感的答案，透露出孟子其实并不百分之百相信自己所说“行仁义等于王天下”，在道德和现实经常存在的紧张关系之中，孟子应该有更深沉的认知和恰当的理由才是。

我坚定地相信，这是孟子的真心话。

开国君主的“心事”

如果赏识代表的是人君意志的遂行和对未来的期待，赵襄子很清楚这种“晋阳前”和“晋阳后”的差异。用现代的流行语是，赵襄子这个赏识有“前瞻性”。

故 事

赵襄子被智伯围于晋阳，后来和韩、魏两家联合灭了智氏，得胜之后论功行赏，高赫没有军功，赏赐却在五名血战的将帅之上，五名将帅都很不服气。

其中一位名张孟谈的问襄子：“在晋阳一战中，高赫根本没什么功劳，为什么赏赐在我们之上？”

襄子说：“当我们被围、战事危急之际，始终不失君臣之礼的就只有高赫一个人，你们五人虽有军功，但都自恃功高，连我也不放在眼里，因此把高赫列为第一名，不是很应该吗？”

晋阳是春秋跨入战国时一场决定性战役的地点，也是赵国赖以起家的关键所在。

原来晋文公曾扩充军队为六军（这在当时是僭越的，依周制，只有天子才能拥有六军，诸侯最多是三军），成为中原长期的霸主，由于长年征战，往后这六军实际上分由韩、赵、魏、智、范、中行六家大夫掌握，晋君威权旁落，春秋末六家兼并，智氏最强，先灭了范和中行，又联合韩、魏围赵于晋阳，几乎也灭了赵，后来赵策动韩魏二家共同灭了智伯，并取得周天子迫于形势的认可，正式由大夫提为诸侯，是为战国七大强权中的三个。

春秋无义战

至于赵襄子为什么选择晋阳为最后的据点，说起来有一段故事。

在襄子的父亲赵简子执政时，派了一个叫尹铎的人去治理晋阳。

尹铎问简子："您是要我把晋阳当蚕茧一样抽税抽个不停呢？还是要让晋阳成为您一个坚实的基地？"

简子说是后者，于是尹铎刻意地合并人家来裁减当地的户口数量，以来低税收。

简子是个厉害的明白人，就对当时尚未接任的襄子说："如果他日晋国有变，你千万不要以为晋阳太远，尹铎这个人无足轻重，你记得要拿晋阳当做起死回生的最后据点。"

果然智伯联合韩、魏攻击赵氏，襄子计划出奔，断然舍弃下人建议的有坚固城池又近在咫尺的长子或有丰厚存粮的邯郸（后来的赵国国都），而选择晋阳。晋阳果然没让赵家这两代父子失望，被围困甚至引水灌城到几乎全城成为水乡，只差六尺就淹过城墙，但人民始终固守没有叛意。

读到这样的史实是很动人、很让人羡慕的，很难想象在这样无义战、兼并动乱的时代，善恶因果的关系仍然可以如此牢靠可信。

这个赏赐有“前瞻性”

当成抬杠来问个问题：如果赵襄子的赏赐是在晋阳尚未解围之前又将如何？想来几乎百分之百可以肯定高赫不仅得不到上赏，而且排名还会远远落后于五名将帅。

对赵襄子赏赐的解释，“儒家式”的会比较“善意”，认为先德而后力，即德性价值的持久性是远高于一时的功勋；相对的，“法家式”的则比较“恶意”，认为晋阳的危机解除后，接下来最重要的课题是君臣关系的重新整顿，因此这只是为人君者必要的权谋。

赵襄子的用心究竟如何无从查证，我们这里何妨抛开善意恶意的各执一词，纯粹从赏赐可能得到的效果来看。

如果赏赐代表的是人君意志的遂行和对未来的期待，赵襄子很清楚这种“晋阳前”和“晋阳后”的差异，这两个阶段虽然在时间上仅仅一线之隔，但在概念上和作为上却必须看成两个不同的时期来处理：前者的课题是战斗、扩张，不得不为英雄式的人物活跃的时期；后者则要求秩序、稳固，乃是能臣取而代之的时期。

因此，我个人的意见是赞成赵襄子的做法，用现代的流行语言是，这个赏赐有“前瞻性”。当然，成立的条件是晋阳的危机得完全解除，最好是彻底到这五名将帅即使心里有天大的不服气也无法作怪。

不是韩信等人该死

这种“晋阳前”和“晋阳后”的差异，历代的中国人体会得相当深刻。最有名的两次讨论，一是汉高祖刘邦和陆贾的对话，称之为“马上打天下”和“马下治天下”；一是唐太宗李世民和房玄龄、杜如晦、魏徵三人的对话，称之为“创业”和“守成”。

刘邦是有名的诛杀功臣的皇帝，唐太宗则一干打天下的武将几乎百分之百善终。这两个中国历史上最辉煌王朝的开创者，在现实做法上南辕北辙，在道德评价上也趋向两极——尤其对普通人来说，韩信、彭越、英布这样的英雄——受辱诛杀，总会轻易成为同情的对象。

我的想法是，这其间当然有处理的良窳、用心的善恶，也关系到两个不同的现实情境和意识，但我以为，刘邦和李世民的“晋阳后”并不像道德上或具体行为上所显现的存在那么极端的差异。

以一个比较极端的方式来说，贞观年间李世民所倚重的是封德彝而不是尉迟恭，前者是隋代的佞臣，后者则是李世民出生入死的革命伙伴，并曾救过李世民的命。这当然不是李世民褊狭或有什么心结，而是“晋阳后”的简单现实需要。

像封德彝这样德行上有“前科”的人物，在道德意识偏高的正史里——相对于现实操作而言，毕竟历代写史的还是读书人——很容易连他仅有的优点也被忽略，但我们如果稍稍细心留意一下，很容易了解，对刚刚草创的大唐而言，像封德彝这样熟悉行政事务，完全能掌握高层权力核心运作的人，实在是凤毛麟角，不要说尉迟恭，这一点就是房玄龄、杜如晦等人都不是立刻能做到。因此封德彝拜相而不怎么被李世民敬重，尉迟恭等武将封为有税金可收不必做事的国公，虽然对后代读史的人的道德意识多少还是有些冒犯，但在这种权力结构和舞台转换之间，李世民已几乎是尽其最善了。

贞观初年曾经有这么一段事情：有一次尉迟恭和任城王道宗（李世民的宗族，也是跟随打天下的一员）吵起来，尉迟恭当场把道宗打得几乎瞎掉一只眼，李世民很生气地责备尉迟恭：“我一直不齿刘邦的诛杀功臣，总想和你们这班共创天下的人一起长享富贵，但看你们的行为，真让我相信刘邦的做法是有理由的，我这一次不认真追究，但这样的法外之恩是不可能再有的，你自己要好好反省反省。”

提起这段故事，不是要说韩信等人该死，也不是为刘邦的行径开脱，我只是想到，汉王朝比起唐而言更是草创而没有前例可援，“晋阳后”的局面也更紊乱而百废待举，史书上写刘邦处决韩信等人之后，宫廷中照样是一举办宴会，一论起功勋，动不动这些英雄人物就在刘邦面前拔出刀干起来，乱得不可开交，乱得连刘邦这样粗线条的人都开始受不了了，一直到叔孙通制定朝仪，才真正开始把陆贾“马下治天下”的概念慢慢化为事实。

司马迁的《史记》誉叔孙通这样奇特行径的人为“一代儒宗”，眼光真是锐利，比起班固以后知识分子式的多有道德盲点，司马迁更现实，更能察觉到“晋阳前”“晋阳后”的不同概念和艰难之处。

中国历史稳定的根源

更进一步来说，这两个不同的时期也常隐藏着不同的危险。

对打天下的君主而言，“晋阳前”的舞台主角是英雄，危险是驾驭不住而可能直接被取而代之；“晋阳后”的主角则是官僚，危险的是这种娴熟于权力结构的人常能准确地逢迎操作，尤其对下一代生于深宫，长于妇人之手的君主。

直接向领导权力挑战的危险，是“明白而立即”的，这种一翻两瞪眼式的冲突比较容易察觉和防止，对失败者而言，也不失个光明磊落的好汉行径，不仅没什么道德负担，甚至多得同情；然而吏治的腐蚀则是渐进的、隐晦的，非常不容易防微杜渐，因此，这才是权力较集中的政治体制宿命性的弱点，也是形成这类政治体制“不道德”的标识之一。

但认真说起来，中国人其实算是清楚地在思考并对付这“晋阳前”“晋阳后”差异的民族，这多少使中国历代的军事组织不会太过膨胀，在进入“晋阳后”时立刻被文治的官僚体系所取代，这是中国历史稳定的根源之一。

在长达五千年一治一乱的更迭里，中国历史在每一次崩溃之后强大的复元能力，一直很让读史的人惊讶，并被汤恩比提出来当成文明建立的后期模式，这固然少了亚历山大或成吉思汗式的辉煌，也有人质疑冒险创新的迟疑，但对历代广大人民现实的生活层面而言，这显然是明智而合理的。

历史显然不是理想国

我们读《礼记》时感觉到从那些行为背后体贴周到的人情物意，到“五四”时期所面对那种只有规范、遗忘目的的吃人礼教之间，昨日的自由是有可能成为今日的枷锁的。

故　事

晋献公宠幸骊姬，骊姬为了让自己儿子奚齐能成为晋国的世子，便天天在献公面前中伤世子申生，献公听信谗言，准备将申生杀了。

公子重耳（即后来的晋文公）对申生说：“为什么不当面向父亲辩解呢？这种无稽的中伤很容易澄清的，不就可以免去责罚吗？”

申生说：“不行，我辩解清楚了，那有罪的就是骊姬了，父亲年纪已大，若没有骊姬在身边，便睡也睡不好，吃也吃不下，我怎么忍心让父亲过这样的晚年呢？”

重耳又说：“既然如此，你就快逃吧！”

申生又说：“不行，为了免于一死而逃离晋国，等于把父亲的过错公诸天下，那不是更严重的罪过吗？我想，只有用我的生命来承担吧！”

于是申生自杀而死。

申生的故事是一则中国历史的悲剧，以继任君位的世子身份，只因对年迈父亲的一点不忍之心，终于不得不自杀身死，更大的悲剧是竟然在历史上还没能得到个像样一点的赞誉和同情，勉强谥号为“恭太子”，倒像是大会精神奖之类的给球赛落选队伍的安慰奖，而且若根据看来有些荒诞的史实，这个奖的来源还是申生自己去“吓”来的。相传申生死后化而为神，宣布要帮秦国灭掉晋国，把当时的晋君（晋惠公）吓死了，只好全套地改葬、道歉、立祠并且改谥号。

谥法里“恭”是“执事坚固”的意思，从某种意义来看，反倒觉得是讽刺。

他们都是现实的失败者

说是讽刺，依现代人普遍的价值观是可能成立的。

我们很容易把申生这样的行为归纳成一种典型：比方说，饿死在首阳山的伯夷叔齐，抱着柱子淹死的尾生，东汉末年伤亡殆尽的李膺陈蕃那一干人，赴死风波亭的岳飞，以及晚明那一大票所谓“平时静坐谈心性，临危一死谢君王”的“纯”知识分子等等，这种的典型仿佛共同具备着几种特征：

1. 他们都这样的死了。

2. 他们都是现实的失败者。

3. 他们仅有的赞誉集中在道德这一隅。

但是，如果道德的标准有了变动或其价值普遍被怀疑（如我们开始不相信所谓的忠孝节义、三纲五常）；或是对现实成败的要求重于一切（如面临国家民族生死存亡的时刻），这时，这些道德面的赞誉便可疑了或完全消失了，于是现实上的无能便被严厉地凸显出来，甚至我们会认为，正是这种对“道德”错误执拗使这些人妨碍了或放弃了现实成就的可能，如此，原来的道德反而成为不道德的。

清末民初以来，正是对传统道德规范普遍质疑和面临民族危亡的双重时刻，这样，“执事坚固”的“五四”白话翻译，便可能成为“对于虚假僵硬的封建道德一种愚不可及的追随”。

要钱还是要命

但这三点真的能构成一平面似的成为一种典型吗？我以为未必见得。

我们得解释一下，这里我们并不是无聊地竖立一个破绽百出的稻草人，然后再来击倒它过足瘾，而是长期以来，我们已看惯了这样心急而简单的“归纳法”，再由此迅速地推论出类似“酱缸文化”滴水不漏地窒息了中国三四千年历史之类的结论。

历史现象的归纳当然不是这么简单，尤其一些不同时空的类似行为，常在我们配合上不同的现实情境之后，呈现出南辕北辙的意义和图像来，这是不先预设结论的读史人常常有的经验。

以上列申生到晚明知识分子等这一长串名单而言，我们最起码得先证明他们的确丧失了所谓“选择的自由”，意思是，这些人的自由意志已事先被隐藏在背后的文化机制所剥夺、所制约，因此他们坚守“道德”而死的抉择，表面上看起来像独立自由的决定，但其实早已是唯一的、被决定的结果，是一种选择的假象。

就像你遇上一个持枪抢劫的强盗问你“要钱还是要命”，这样的选择当然不是自由意志的选择。

那么，中国封建道德这个无恶不作的强盗，究竟是怎么逼问申生一干人要钱还是要命呢?

第一，它可能先让一个神圣的、唯一的、排他性的、不容怀疑和辩论的意识形态深植人心。

第二，它应该拥有一个完美的奖惩系统，鼓励认同，并有效的惩罚任何“不听话”的选择。

历史大个案

以申生而言，这两样似乎都不是事实。

首先，当时对孝道的说法和教育并没有如此严厉，尤其是“弑君三十六，亡国七十二”的春秋时代，选择的空间是相当宽广的，事实上申生的两个弟弟重耳和夷吾便用行动来证明，毫不犹豫地拔腿就走。

其次，在现实的奖惩方面，则是合法继任国君身份的申生死掉了，夷吾和重耳却先后成了晋国的国君；在历史的评价上（可体会为另一种奖惩），孔子作《春秋》也没给申生什么好话，往后既没人对晋文公的出奔有什么微词，也不见对申生有什么够分量的褒奖，拿一条命和君王之位只换到这点同情的掌声，说明这样的奖惩系统显然是不存在的。

我的想法是，申生的悲剧可能是一个个案：他软弱而过分体贴地选择顺服年老昏庸的父亲，愿意赔上生命来延长父亲短暂而昂贵的欢乐，虽然令人生气，却也无可奈何得让人不免同情，又歪打正着地给晋文公为君成霸的机会（没妨碍到现实事功），因此也就用不着以太严厉的话来指责。

同样的理由可以解释伯夷叔齐，除了较道德倾向的孟子说了一句“圣之清者”，而使得“历史奖品”看起来大了些，有些人难免不服气之外（而司马迁的《史记》却慧眼独具地小贬了一番，说这两个人的留名不过是附诸骥尾，因别人而得名）；至于李膺、陈蕃那一干人，在东汉大盛的经学传统和东汉独有的大学生抗争学潮之下，的确有较大的意识形态压力，但却不是决定性的，阅读“党锢之祸”的历史，我们可以很清楚地感觉到，这其实是一群勇敢、高傲却不太聪明的人，在一些关键性的时刻又显得正直了些也自我陶醉了些，他们挺身和朝廷几代积累下来的黑暗势力对抗失败了，可惜是很可惜，但绝不是一群束手待毙，一大早就准备让人宰掉来换取历史直名的人。

这和宋明以后那种不顾一切标高三纲五常的做法，应该有不小的差别。

那只是理想国

然而，道德和现实利害是不是永远对立？是不是伴随着道德的抉择必然是牺牲和失败？果真如此，那道德的价值何在？难道人类的道德意识只是宿命的荒谬和咒诅？

这里我们可能有必要先简化一下问题。一般来说，所谓的道德可能包含两个部分：一是人对生命、真理、价值的体验和寻求，我们暂时称之为道德的本质部分；一是实际的规范和条目，如所谓的三纲五常忠孝节义，我们暂时称之为道德的外延部分。

这当然是太简单的二分法。我的想法是，除了彻底的虚无主义者或彻底的道德相对论者，一般对道德的怀疑和指控集中在道德的外延部分，这是很可理解的，因为具体的行为规范是否宜当，必须贴合当时的价值系统和现实的情境，但不断流变的现实会使得原有的情境和价值消失，而这些具体的规范却往往有较大的惰性，如果不藉人的努力来调适，其结果往往是这些规范孤立而僵硬地存在，这不仅和新的现实格格不入，根本上就成为反道德的。

因此，我们读《礼记》时感觉到那些行为背后体贴周到的人情物意，到“五四”时期所面对那种只有规范、遗忘目的的吃人礼教之间，昨日的自由是有可能成为今天的枷锁的。

这个部分的陷阱，是道德神圣化的道德主义者常见的毛病，也往往损伤一般人对道德本质的信任。但说起来这还比较容易解释和理解。

如果和现实利益的冲突是我们对生命、真理和价值的追求，是甚至必须用性命或具体的幸福去换取，壮烈是很壮烈，高贵也是很高贵，但无疑才会真让人感到哀伤和绝望。

历史的事实怎么说呢？

不幸的是，历史的确存在着不少很醒目的证据：大凡有所谓“可歌可泣”的故事，十之八九是带有这种冲突的意味，这也是希腊时期柏拉图最大的困惑和挑衅，在“理想国”辩论的开头便是：在现实中，正义（毫无疑问可直接替换成道德）为什么总是被强权压倒？究竟要怎么样才能保证正义必然获胜？

（这里当然有必要提醒一下，相对于正义——或说道德——失败时的显著，正义占上风——我不太敢说获胜——的时代总显得平静无奇，黑格尔便指出，这样的时代往往是史书里最乏味最无趣、最容易被快快翻过的篇章。）

柏拉图这个问题要有明确的答案，那当然是理想国了，但历史显然从不会是理想国。

第三种答案

在“立即”的利益和“近到”的社会正义之间，有能力抵抗这类的“人性”的人，不是在智慧之外，还显现着高贵和无私吗？

故　事

楚国和吴国即将开战，楚兵弱而吴兵强，楚国的将军子囊说：“这样打起来楚国必败无疑，这种败兵失土、让君王丢脸的事，是忠臣不忍心做的。”

于是没来得及向楚王请命就下令退兵，到了郢都之外，子囊以待罪之身派人向楚王请死。

楚王说：“囊退兵不战是为了国家的利益，现在看来国家也的确因此得利，告诉子囊我不会有任何责罚的。”

子囊说：“临阵不战而逃，若不处以死刑，恐怕后代带兵作战的人，很容易以开战不利当藉口，像我一样退兵不战，这样下去，楚国将成为天下最弱的国家。”

于是，子囊自杀而死。

看起来这是一个非常高贵的心灵。故事发生在春秋中期，楚国是共王刚死，康王新立，吴国则才刚刚起步，接收了楚国来奔的申公巫臣，第一次学会了车战。

很煞风景的是，若依正史，子囊之死显然有另一个版本，《左传·襄公十四年》的记载，是子囊带兵伐吴，吴军闭门不战，楚军班师时子囊负责殿后，以为敌人不足虑而轻忽守备，结果被吴军埋伏截击，遂吃了个大败仗，连同行的公子宜谷都被活捉。

虽然没有明说，但若依《左传》的记载，子囊应该是负伤死的而不是自杀。那《左传》里这个有亏职守而败军辱国的子囊有什么好替他吹擂的呢？原来是子囊临死前曾交代遗言，劝谏楚王得早日把郢都的城墙造好（从楚文王迁国都到郢距离此时已一百多年了，国都却尚未建城，可见春秋早期的楚国和中原各国“不太一样”），所以被称为临死不忘国家百年利益的忠臣，但毫无疑问的，虽然在意义上差堪比拟，“左传子囊”看起来却比“说苑子囊”逊色多了。

哪个子囊可能是“真的”呢？应该是“左传子囊”。但这里我们不必一定得如此煞风景，非用严酷的史实压迫美好的传说不可，姑且听史家说说好听的故事，也不会是坏事。

孟子的难题

孟子的一个学生问孟子一个问题：“老师您常说舜是如何孝顺又多了不起的一个君主，我们如果假设：舜是天子，皋陶当法官（皋陶是儒家乃至于后代中国人心目中法官的理想人物），舜的父亲瞽叟犯了要砍头的重罪，您想舜会怎么做呢？”

这个问题对现代人来说可能并不困难，法治社会的基本理念是“法律之前，人人平等”，就算皇帝的老子犯了罪，理论上说，把他给抓起来不就结了。

但这个问题若发生在两三千年前的中国可能就变得非常棘手了，因为当时普遍的价值观，孝道是人立身处世的根本要求，其重要性和象征意义可能不低于法律的量罪公平理念，更何况对孟子这样推崇先王风淳德厚的人而言，伦常是他心目中完美政治体制无可替代的基础，这就难以抉择了。

孟子的回答显然也没什么把握："我想，舜大概会背着他父亲跑到东方海滨无人烟的地方，自己耕种来奉养父亲，丢弃天子的权位就像扔掉一双破鞋子一般，毫不犹豫可惜。"

"弃天下如敝屣"，这句话的出处可能就在此。对于说话一向斩钉截铁、好像什么都懂的孟子而言，这可能是他最支吾其词的一次了。

艰难的抉择

子囊和孟子抉择的困难，可以说都是他们"异于常人"地察觉到一个行为长期而隐晦的影响，显然和当下的利益是矛盾的、冲突的。有没有这样的实例呢？最熟悉的例子，莫过于现阶段最痛苦也最麻烦的问题之一：经济发展和环境保护的难以两全。

留意到长期的影响，是不是比只注重当下利益要可贵呢？第一感看起来很像是如此。第一个理由可能是：当下的利益是绝大部分的人一眼就看得到的，没什么稀罕，而能留心到长期的影响，却好像是属于少数有洞察力的人的专利，因此，单纯从字面上来看，"长期"常代表着远见，比起有短视意味的一时之利，显然重要多了也睿智多了。

其次，就算有些长期的影响被察觉到了，但知道是一回事，能不能做到又是一回事。比方说，你可能劝告一个刚买了一大瓶可乐的朋友，买这瓶可乐至少犯了三样大错。一是可乐是含有刺激性成分而毫无营养价值的垃圾饮料，对人体有害无益；二是这瓶子是人类愚蠢的产物，细菌无法将其分解，就算把它埋到地底下，五百年后挖出来依然是这样子，这是人类环境的可怕杀手；三是这可乐来自跨国的大型企业，代表侵略与剥削。

你买可乐的朋友可能听懂了，也多少同意你的看法，但对他来说，那些会在身体健康、环保和民族自尊国家经济显现出来的恶果，却是在遥远又遥远的未来（而且通常不会降临到他本人身上），而在酷热太阳底下，一大口冰凉可乐入口的满足和过瘾，却是马上就享受到的。这种行为可能很愚蠢，但很难否认，却是很“人性”的。

在“立即”的利益和“迟到”的社会正义之间，有能力抵抗这类的“人性”的人，不是在智慧之外，还显现着高贵和无私吗？

无奈的第三种答案

但事情一定没有这么简单。

《说苑》里也选了一则庄子耳熟能详的故事，不过刘向把男配角从我们熟悉的惠施换成魏文侯而已：

相传庄子家贫，去向魏文侯借点粮食。

魏文侯满口答应，说：“没问题，等我收了田租就跟您送去，要多少有多少。”

庄子说：“我来见您的路上，看到路旁牛蹄印子的烂泥巴里有一条鲋鱼，喘着大气向我求救：‘给我水，救救我的命。’我对它说：‘没问题，我会为你跑一趟楚国，说服楚王引长江淮河的大水来救你，要多少有多少。’没想到鲋鱼却生起气来：‘我已命在旦夕，求的不过是一小盆水来活命，等你见了楚王引来长江淮河的大水，那只有到干鱼店里才可能找得到我了。’”

这说明了，有时当下的利益并不一定代表短视，甚至可能是致命的，过不了关就没有明天了，更何况是远在天边的未来，在历史的选择里这也是常有的，比方说一些战乱或生死存亡急如燃眉的时刻。

因此，所谓长期短期的划分，我想，不过是让我们面临选择时思考和分析的方便而已，不能进一步延伸成标准，比较好的方法是实证性地切入到真实的情境里，在难以穷尽、难以列举的诸多变数中，在“大利小害”“小利大害”的不得已和委屈中奋力前进。

子囊是这样，孟子也是这样。他们两人虽然都察觉了当下和长期的利害得失，但却都不约而同的选了“第三种答案”。孟子口中的舜帝，既不能砍父亲的头也不能扭曲律法，便只有从天子降为躲到东海的逃犯之身；而子囊则既不能让楚国丧师辱国又不愿付出国家未来衰弱的代价，便只有用自己的生命来填补两者的裂缝。

即使如此，这被选中的第三种答案也不一定是“对的”、是可以平息所有的疑虑和争议的，但这样不确定的答案或许可以让我们想得更多，知道得更多。

英雄但有末路时

人生不如意事十之八九，能付诸一笑，这是谦逊，也是豁达，更是对自己胸怀的信心充沛。有这样的胸怀，才能在景况不佳时有余裕修补自己，不被击倒，在景况复苏时打得了天下。

故　事

孔子前往宋国途中，被误认为是阳虎，匡简子便派兵包围孔子的住处。

子路很生气，当下抄起家伙就要大干一场，孔子阻止他："学仁义的人干嘛还像一般人那么冲动？如果是荒废了诗书礼乐的修习，那就真是我的过失；长得像阳虎，那绝不是我的错，只能说是命中注定，由啊！不如你来唱支歌吧，我来和你。"

于是师徒二人高歌，才唱了三曲，匡简子便知道认错人了，于是解围而去。

孔子周游列国，几次遭遇大难，留下很多故事，我自己最喜欢的一则故事，在司马迁的《史记》中记载：孔子到了郑国，和学生逃难而走失，于是孔子站在郑都的东门等候，有郑人告诉子贡："东门那里站着一个人，额头像尧，脖子像皋陶，肩膀像子产，腰以下比禹矮三寸，但却落魄得像一只丧家之犬。”子贡找到孔子后，没忘把这段描述告诉孔子，孔子哈哈大笑：“的确是像丧家之犬。”

这当然有些神化（比方说这个郑人怎么如此熟悉早期一干贤人的长相，除非他早已知道是孔子而顺口编造出的玩笑话），但却充分显现了孔子的幽默。因此这则故事里的师徒高歌，我的看法是，不必理解为“颠沛造次之际弦歌不辍”的圣人行径，单纯就只是唱唱歌解闷，至于匡简子从歌曲或歌声中，就判断出不是坏人阳虎（大概阳虎只能唱一些品位不高的靡靡之音），应该是孔子始料未及的。

人生不如意事十之八九，能付诸一笑，这是谦逊，也是豁达，更是对自己胸怀的信心充沛，有这样的胸怀，才能在景气不佳时有余裕修补自己，不被击倒，在景气复苏时打得了天下。

历史上具有创新精神的人，大多是这样有幽默感的人。

史书的“下一页”

但后代读史的人要体会这个，可能需要一点点想象力——或者说一些设身处地的能力。

就像孔子这则故事，匡简子知道弄错之后，危难就迎刃而解了，或者说更大型的那次“陈蔡之厄”，孔门师生是饿了整整七天七夜，终究也顺利解围了。这些过程我们都知道，结果也知道，但我们永远无法告诉急性子的子路，以及一干信心开始动摇、不晓得还有没有明天的门生和随从，没问题，不需要太紧张，只要坚持一下，麻烦很快就过去了。

后代读史，和当时身处其境的人很大的一点不同，便在于，对我们而言，这些事都已经发生，结果已好端端地写在史书里了，我们想知道接下来怎么样只要把书翻到下一页就可以了；但对当时的人而言，这“下一页”却是不确定的，充满着各种意外和可能，甚至要拿身家性命去赌一赌的“未来”。

我个人很喜欢魏晋南北朝史，其中辅佐苻坚统一北方的王猛是我很佩服的历史人物。王猛是汉人，桓温北伐时打下洛阳，王猛曾去见了桓温，一边掐着身上的虱子一边侃侃谈论天下大势，桓温惊为天人，撤兵时特邀王猛一起南渡，出仕东晋，但王猛看东晋已无气力，桓温也非成事之人，遂笑而不答，只身留在洛阳垂二十年，一直到苻坚出现，王猛以为是值得辅佐的雄主，才投效苻坚，果然在这两人手中，西晋末年以来割据纷扰的中国北方第一次获得统一。

史书里写王猛那二十个年头，只有寥寥数语，说王猛寄身于战乱流离的洛阳街市，无人了解他的分量，甚至把他看成个神经病，王猛“不以为意”。但他真的从头到尾一直都不以为意吗？我实在不太相信，二十年不算短，在这期间眼看着天下大乱几乎没有终极，只要胳膊粗些，阿猫阿狗都可以大声讲话，再加上时光飞逝流年暗转，王猛对自己真的会没有不安、动摇、疑惑甚至灰心沮丧的时刻吗？

我以为这是不可能的。

历史不是单行道

战国时的杨朱留下一则故事：相传杨朱家里走失了一头小羊，杨朱找羊时面对着眼前一条条不知道各自通向哪里、哪一道才是能找到羊的岔路，疲惫得潸然泪下，这是“歧路亡羊”这个成语的来源。

在读史的时候，假装不知道羊在哪里，和杨朱一起并肩站在岔路口流泪有什么好处呢？

这当然不是一个无聊的游戏。

简单地用“存在即真理”的想法来看待历史，只会让我们的视野变得很狭窄。已然发生的“结果”当然无法逆转，但这并不等于历史是单行道，只有这一种可能，或是说只有发生的那一种才是有意义的。前者是宿命论者和决定论者的想法，后者则是宗教家和目的论者的想法，这都是早已过时又解释不了历史事实的天真想法。

韦伯曾提出一个所谓“假说分析”的思考模型，非常有意思。

对一个结果早已水落石出的历史事实，韦伯试着把一些既定的因素除去，看看“结果”会产生什么样的变化。韦伯使用的历史结果已然是雅典光芒万丈的文化成就，除去的特定因素是波希战争的胜负，而韦伯问的是，如果波希战争的结果是来自东方的波斯人打赢战争，征服了希腊诸城邦，那雅典这些了不起的成就会不会出现？当然，有兴趣的人还可以追问下去，如果没有希腊人的成就，往后罗马帝国的建立，甚至文艺复兴时代少了希腊人的“遗产”，又会有什么样历史图像的改变？

先简单说一下波希战争。

大约在公元前五世纪时（相当于中国春秋末期，吴越崛起的时候），波斯人和希腊城邦进行了三次半大规模的战争，战争的导火线是当时已地跨欧亚非三洲的波斯帝国兼并了希腊最重要的殖民地爱奥尼亚，意图继续西进；战争的形态是波斯人攻击，希腊人抗拒；战争的客观军力是波斯大军占数量的优势；战争的结果是：第一次没打成，波斯的舰队在北爱琴海碰到暴风收场；第二次在著名的马拉松（就是因此而在奥林匹克运动会有马拉松这个竞赛项目）战役中，波斯人战败；第三次当时的波斯王亲自西征，几乎攻下整个希腊，连雅典都已拿到手，却在最决定性的萨拉米斯湾海战中，被泛希腊联盟的舰队击溃而功败垂成。

战争的结果是波斯人再也无力西进，希腊人余悸犹存，而由雅典带头组成提洛同盟防范可能再来的威胁，雅典遂成为希腊世界的霸主，而在实力上、文化上步入空前的高峰。战争历时五十几年。

韦伯假设，如果萨拉米斯湾海战是波斯人获胜，希腊人绝没有能力再纠集军力继续抗争，其结果当然是希腊城邦完全臣服，成为波斯帝国的一部分。韦伯把波斯人当时对被征服者的一贯态度和统治方式移到希腊，并就波希战争时希腊的发展状况进行分析，得到的结论是雅典的黄金时期将从历史里消失。

萨拉米斯湾海战是不是一定会由泛希腊联盟获胜？合理的推断应该是不一定。首先，当时在军力强弱和客观态势上，波斯都明显占上风，就算我们高贵地相信矮小的大卫可以击败巨人，一场战役依然存在着数不清的变数，比方说希腊主帅某一个战术失误，精神和身体的状况不佳，打了个瞌睡或中风了；一个奇特的流言造成联盟的破裂；一种不同的天候造成战事的逆转；某个胆怯或人格有问题的带兵将领被对手收买了（就像二次战争希腊人败于温泉关，斯巴达王战死的一样经过）等等。

这样的一场分析下来说明什么？当然不是像斯皮尔伯格“回到未来”系列科幻电影里藉一辆穿梭时空的汽车来改变历史，而是说，历史是分歧的、发散的，很多偶然性的因素不仅起着作用，若发生的时间地点恰恰好，可能整个历史都要重新改写。

确定历史有改写的可能，摆在读史人面前的，便不是一本本“看看，知道了”就可以的史书——极端一点像第二国际时期那些服膺马克思历史规则的理论家一样，反正无产阶级“自然”会从资本主义的熟烂灰烬里升起，人们除了坐下来等待之外无事可做，而是一个动态的、在思考上可以像剥洋葱一样一层层剖析下去的、在现实的作为里人类有某种程度用力的可能和自由空间的历史。

操之在我的解放

在我个人读史的过程里，不止一次感觉到扩大历史视野的好处和必要，尤其是读中国近代史，是在目前的客观限制下，可能试着多逼近一点中国近代史的真相。

我个人知道，韦伯的“假说分析”曾受到不少史家的质疑，我也不是积极提倡我们可以亦步亦趋地跟着来——演练中国的历史，由此去分析如果三千年前某个晚上叔梁纥和徵在没有野合，或者后来生下的那个叫孔丘的婴儿万一“七日疯”夭折了，对中国的历史有多大的改变，这可能也不是个好题目（虽然我还是肯定这样的可能性），但对于已经受到无比限制的中国近代史的阅读而言，韦伯的想法，不论在意义上或精神上对我们都是个很大的解放，甚至在方式上也有值得参考的地方。

让我们先把自己解放出来，这是读史时可以即知即行又操之在我的。

小传统与大文化

中国这个我个人以为“不外也不内”的文化体系，很难“仿民初”地找到一个类似的简单标杆，勉强来说，只能称之为“平实”：凡事凡物都有归结到人生现实经验的倾向。

故事

赵简子问翟封荼说：“听说翟国曾经下了三天的谷雨，这是真的吗？”

翟封荼点头说确有其事。

赵简子又问：“又听说也下过三天的血雨，这是真的吗？”

翟封荼又点头说确有其事。

赵简子又问：“还听说曾经有马生牛、牛生马这样的怪事，也是真的吗？”

翟封荼依然点头称是。

赵简子叹了口气说：“人家说妖孽可以亡国，果然一点没错。”

翟封荼说：“不，您问的这些都是很平常的事。下三天的谷雨，其实是谷子被龙卷风卷上天造成的；下三天的血雨，这是因为惊鸟在空中打架流的血；马生牛、牛又生马，这是因为牛羊杂在一起放牧造成的，这些都不是真正让翟国灭亡的妖孳。”

赵简子问：“那翟国的妖孳是什么？”

翟封荼说：“翟国人民离散不凝聚，君王年幼无能，卿大夫贪财、结党营私只知道争取个人的权势财富，官吏作威作福欺压人民，政令成天改来改去没一样能贯彻执行，士人普遍贪婪而怨恨上头的人，这才是翟国的妖孽。”

翟是当时北方的游牧民族之一，望文生义，显然在这则对话的时候，翟人已经亡国了，而翟封荼正是翟国投身于赵简子的人。

把发生的怪事用很平实、不大惊小怪的理由来解释，这样的历史故事在早期的中国历史中还算很普遍。

但有些时候这些看起来很“平实合理”的理由，用今天我们的理解来看，其实并不“科学”，比方说赵简子所提的这三桩怪事，翟封荼的解释显然就很难站得住脚，尤其第三样的马牛杂生，根本不合生物学的基本常识。

这么说来，这些“平实而不科学”的理由透露出什么意思呢？我的猜测是，翟封荼（包括其他显似故事的解谜者）可能并没有真正为这些怪事去认真找出原因，他们所以不相信神秘性、带宗教警世意味的直接解释，而宁可简单就改信一个未经自己查证的平实理由，其实只说明了他们不相信这些是怪事，一定有一个可以解释得通的寻常理由，这种迷信寻常道理却不肯迷信神秘性解释的意识形态，实在是很有趣、很耐人寻味。

令人懊恼的不内不外

民初的学者喜欢做中西文化的简易比较，经常说西洋是向外用力的，中国是向内用力的，向外指的大体是用力于科技文明和实际的政治制度之类的，向内则大体是说用力于伦理学、本体论之类的，但我个人一直觉得，这个比较除了显然失之太简易而外，还有个不太对劲的地方，那就是中国文化的用力方向并没有那么“内”。

哪些是我看起来比较“内”的？比方说印度文明那种弃绝现世经营，就生命本体做精微无比的析辨论证就很“内”；又如苏格拉底那种不愿花心力在“不相干事物”上，集中心力在“认识我自己”的人性深向理解也很“内”；又如柏拉图也很“内”，黑格尔也很“内”，康德“内”起来更不是中国所能比拟的，更不必提弗洛伊德的“内”，整个欧陆光芒万丈的唯心论传统完全不是中国所能想象的。

中国这个我个人以为“不外也不内”的文化体系，很难“仿民初”地找到一个类似的简单标签，勉强来说，只能称之为“平实”：凡事凡物都有归结到人生现实经验的倾向。中国对外不求人生边际的拓展，不对人性做极大值的弹性试验。

西汉时有个故事：一次皇帝和大臣们闲聊，谈到传说中鸷鸟的幼鸟要长大学飞，必须吃掉自己的母亲，才能飞得起来（很典型的原始传说，就像我们今天常在人类学者部落调查报告看惯的），皇帝顺口问宰相是不是真的，宰相立刻正色回答：“我只听说过慈鸟会反哺，没听说过鸷鸟食母这件事。（完全不同于人类学者的理解方式。）”

因此，像李贺那样险峻寒洌的诗并不受推重，《金瓶梅》这样的小说也只能私下传阅、关起门来欣赏想象一番，炸药的发明也只供放放鞭炮，节庆时大家热闹热闹，再往下去就算不是成了杀人放火的不祥之物，至少也是奇技淫巧，不堪发扬鼓励。

这种对内对外设置自动限速的煞车系统好不好呢？我只知道，至少从西学东渐以来一直到今天，我们难免很懊恼，很多发明、发现和探求，总是开了个头就停下来，要不就转向朴实无华的方向去。少了西洋的那些“奇技淫巧”，搞到后来，打，打不过人家；说，也说不过人家，还险些让中国亡国灭种。

小传统的魅力

当然，这里我们指的是思想的主体部分，而不一定是一般人民的全部实况，换句话说，是历来读书人心里头普遍的“应然”，而不一定是现实界的“实然”——不过时日久了，后者多少会受到前者的影响而已。

《中国民间故事全集》这本书据说收集得相当广泛彻底，很多属于边区少数民族的、过往不太容易见到的神话传说也包含在其中，我一位朋友读了告诉我，原来他和大多数人一样，多少把中国的民间故事想得“温柔敦厚”了些，没想到希腊式的、北欧式的、印度式的故事，在中国几乎都找得到。

我只有很短暂的惊讶，因为想起来非常合理，中国的土地广、历史长，整个民族的组成也相当复杂，除了主体的汉人之外，其他民族虽个别人数不多，却族繁而不及备载，时间空间自然的区隔，形成一支支所谓的“小传统”，和堂而皇之的思想主脉大异其趣。

而且，这类小传统的基本性格是自由生发，其间较少有自省，也较少主流意识形态的“污染”（除非被思想主流所吸纳），因此虽多少在不同文化体系比较之下有异质的一面（如主流意识的渗透或有形的生长环境的差异），但比起各个基本上有自觉意识的文化，较趋近于一般人性的“平均值”，这也是我们常觉得它们比较“实在”的原因之一。

甚至，“读圣贤书”的知识分子也有他“人性”的一面和挡不住的想象，像宋代一本正经的理学家，很多在他们私人的领域都有很活泼很有想象力的行径，并不见得是二十四小时都板起脸孔来体悟人生的智慧；又如果我们翻看明清读书人的笔记小说，内容更是五花八门，尤其是怪力乱神的鬼狐故事特多，闲暇时想想记记读读，倒都没加上什么翟封荼式的合理解释。

这些不和思想主流同步的五花八门的小传统，我们今天看起来似乎分外的兴味盎然，一部分的原因可能是我们长期被教导、被灌输这支主流是如何中道而行、温柔敦厚，一旦看到新鲜的、不一样的东西，不免有窥得秘密的兴奋。

然而，小传统还是有很积极意义的。我们曾经说过，在思想主流制约之下的中国知识分子，有一套看待世界的方法，尤其在写史记事的正经事上，有很多民间的、边缘的、芜杂通俗的东西他们无力捕捉或不愿意捕捉，长期下来，我们的历史图像难免变得太简单，甚至有“变型”的毛病，离原本复杂多层面的历史实际愈来愈远。

尤其近代一大部分读史的焦点，对广大人民的、一般社会阶层的生活实况，有更密切的关注，比方说对明代以来商业的研究，一些笔记小说和私人记述有很大参考价值，不仅提供了很多不经意的史料（如物价），更让我们有机会掌握正史所没有的生动图像。

但我们却不应该太情绪化地夸张小传统的重要性，甚至以为只有这才是真的，正史记叙的思想主脉都是矫饰的、虚假的，这不但失落了我们扩大视野、深向思考的原意，而且芜杂的、意义往往相互抵触矛盾的各种局部现象，很容易引诱人犯了以偏概全、为了影子而失去本体的毛病，这就很不好玩了。

世界史并非一个幸福的场所

我们再回过头来谈中国思想主流的内外双向煞车系统。重的坏话前面提过了，我们再谈一些好话来平衡一下。

黑格尔在谈论世界史时曾说，世界史并非一个幸福的场所，所谓和平喜乐的时期，大概都是历史典籍中一些空白的篇幅。从历史的经验来看，这样的说法似乎是对的，最光辉的历史，最瑰丽动人的文化成就，似乎总是和最黑暗罪恶的历史情境共生，像人文的价值是在腐烂的中世纪泥土中升起，“自由、民主、博爱”的大革命浪潮则来自欧陆专制压迫的君主统治。甚至，就个人著作而言，像托斯妥耶夫斯基所写的壮丽深澈的小说，众所皆知的，也是展开在他一生无休无止的罪恶和堕落之中。

文化的成就是有代价的，经常如此。

《孙子兵法》里说，真正会打胜仗的人，看起来像没做什么事，既看不到他用兵的智慧，也找不到他杀敌制胜的功绩，至于那些血流成河，用鲜血与白骨堆叠成胜利碑铭的将领，依孙子看来，不过是中下的将才。

孙子的意见也许不一定对，但你要不要对宇宙本体、对宗教心灵有深邃精妙的辨析呢？如此，恐怕少不得要有无止休的宗教战争和动不动把人活活烧死的本事；你要不要让鞭炮进一步成为威力强大无比、可以开拓历史的利器呢？如此，恐怕更少不得要不断用人的性命和幸福来当实验改良场；你要不要有亚历山大大帝一样一直打到印度河边、地跨欧亚非的伟大武功呢？如此，你可能管不了这个大帝国迅速瓦解的必然命运。

中国的历史付出的代价显然小多了，没有宗教的战争、诬陷和神权压迫，最严重的佛家三武之祸既不消灭宗教，也没流多少血，只规定多少人口保留多少寺庙僧侣，其余还俗归籍而已（否则政府抽不到税）；炸药一直没什么改良，只有命在旦夕，被北方的金兵和蒙古兵杀得快抓狂时才想到这威力很大的武器；至于中国号称最好大喜功的汉武帝，比起亚历山大的力竭方休，说起来倒是早早收手，还要下个“轮台之诏”来忏悔保证，绝不再拿老百姓的性命和血汗钱去玩战争游戏。

读史的时候，最伤民族自尊的可能是宋史，那是一个专门打败仗、送钱、送皇帝女儿的孱弱年代，简直令人生气，但另一方面，宋仁宗那会儿，却可能是中国历史上老百姓生活最富庶最平静的时光，这样的历史悖论，我们又该如何去反省看待呢？

谁人更扫黄金台

历史里充斥着很多“不共生死”的血淋淋故事，这是为什么呢？第一个答案是“愚蠢”。再想下去的第二个答案可能恰恰倒过来，是“聪明”。

故事

燕昭王问郭隗：“燕是小国，地狭人少，南边有强大的齐国压迫，北方又被强悍的外族骚扰，时时有亡国的危险，有没有什么办法可确保生存？”

郭隗说：“办法是有，怕的是您做不到而已。”

昭王立刻离开座位恭敬地请教。

郭隗说：“把臣子当成老师一样侍奉的，才能成为‘帝’；当成朋友一样平等相处的，才能成为‘王’；当成宾客一样礼遇的，才能成为‘霸’；至于那些把臣子看成奴才一样随意使唤的差不多个个都成了亡国之君。”

燕几乎是整个春秋战国期间最无趣的重要国家，只有在燕昭王这一代扬眉吐气过，然后又销声匿迹，直到战国末年出了个不能忍气吞声的太子丹，想宰秦始皇而留名。

这则故事记的是燕昭王成功的“原因”。对话的下半截是：

昭王问郭隗哪里有值得尊为老师的贤人？郭隗说，像我这样一个平凡没才干的人，如果都被你当成师长一样的敬重，还怕那些真正厉害的人不闻风跑来吗？不如就从我郭隗开始吧！

于是昭王以弟子之礼侍奉郭隗，并筑台于易水东南，放置千金以招天下之士，是为“金台”，果然，这场“善意骗局”的双簧演出极为成功，乐毅、邹衍、剧辛等人一个个归燕，昭王在众位谋士的辅助下，率军东下齐国七十多座城，几乎灭了齐国，后来因昭王逝世，儿子惠王不肖，逐走乐毅，接下来便是齐国反败为胜的“田单复国”了。

这段历史遂成了历代求才的最佳范本之一，也是历代自认怀才不遇的人最缅怀的掌故，李白的《行路难》：

君不见昔时燕家重郭隗，拥篲折节无嫌猜。
剧辛乐毅感恩分，输肝剖胆效英才。
昭王白骨萦蔓草，谁人更扫黄金台？

说起来，昭王和郭隗的合作够美好，一个如愿富国强兵，一个忽然贵重无比。

非零合的共生关系

郭隗告诉燕昭王的话，用现代的用语来说，意思是君臣的利益关系并不是零合的，理想的君臣相处之道，应该像生物学上“共生”的关系，合在一起不仅双方得利，而且能创造出超额的利益来。

念过初中高中基本生物学的人想来都对“共生”这个词儿有印象，记忆力好些的人八成会想到蚂蚁与蚜虫，蚜虫依赖蚂蚁的保护，免遭它的天敌如瓢虫的猎食；而蚂蚁以武力来换取美味的食物，即蚜虫尾部会分泌出的甜蜜。

记忆力更好一些的人，大概还可能想起来，共生分成“片利共生”和“两利共生”两种，所谓的“片利共生”是一方看起来没什么好处却也没什么损失，一方面却单独得利，比方说有一种小鱼头部长着吸盘，藉此粘附在鲨鱼身上换取免费的旅行，并可伺机分享鲨鱼猎食的残食碎屑，而鲨鱼显然并没有什么损害；至于所谓的“两利共生”，才是我们一般印象里的共生概念，像蚂蚁与蚜虫，像大豆和根部能吸收空气中的氮气直接制造养分的根瘤菌，像动物消化器官里那些藉动物获取食物却也帮其分解纤维质的细菌，以及海葵和螃蟹——海葵依赖螃蟹的运动能力增加猎食的机会，螃蟹则分享海葵的猎物等等。

近年来对生物演化的研究中，“共生”的概念和现象却愈来愈受重视，甚至凌驾过往“错读”达尔文进化理论引起的粗糙竞争概念，而渐渐被认为这才是导致生物演化，有效抵抗环境挑战的主体方式，从而，也使得达尔文的进化论有新的体认和理解。

囚犯的困境

政治学者艾克塞罗德曾设计了一个电脑游戏，取名叫“囚犯的困境”，邀请许多知名学者来实验，规则是游戏进行中任何两人合作便得到三分，对立得一分，如果有一人和别人合作后倒戈相向可得五分，被背叛者零分。

从这个规则来看，最聪明的获胜之道应该是骗个人合作再咬他一口。但时间一久，艾克塞罗德发现，成绩最差的居然是以背叛为手段的人，相反的，成绩最好的反而是肯合作，不带头攻击，甚至肯原谅别人一次背叛的人——就像我们今天对生物演化史的看法，以残酷手段求生存者几乎全灭绝了，所有大型的复杂生物都是由微小的生物通过合作共生，才发展出来的。

中国古代没有丰富而正确的生物演化知识，也没玩过艾克塞罗德的电脑游戏，但说起中国对君臣相处之道的理解，对这样非零合的共生关系并不陌生，在古籍里把君臣比作一体，合则两利的说法俯拾可得，如同燕照王和郭隗。

只是历史里依然充斥着很多“不共生死”的血淋淋故事，这是为什么呢？

第一感的答案是“愚蠢”。就像史书里数不清的劝谏君王的实录，苦口婆心谈的，无非是报应当头、殷鉴不远这一类对掠夺性寄生者（君王）的提醒，但有些君王真的也就笨得连掠食细菌都不如，因此只好大家一起倒霉。

再想下去的第二个答案可能恰恰倒过来，是“聪明”。毕竟，君臣关系并不比寄生或共生关系的二选一，只要深知进（寄生）退（共生）之道，便能游走于两者之间，或采取一种小合作大掠夺而不引起反噬的所谓“寄生边缘”方式；也可以采取拉拢一批打击一批、既寄生又共生的方式；或是客气一些，采取利益三七、二八拆账的不均等共生方式云云。

人类的行为不像其他生物依照本能而行那么安定并可预期，找寻到一种适于总体繁衍育种的行为就从此依计行事——除非环境改变、新的严酷挑战再度来临。

相比起来，人类的行为却是分歧的、反复的，动不动就翻脸，对人类总体最有利最完美的行为，经常并不等于对个体最有利、会被采行的行为。

以交通规则为例，每个人都知道大家若全部遵守规则，对整体交通最有利，但对我个人最有利的却是，大家都遵守而我一个人独犯，因此完美的行为在这里出现必然的缺口。

这个不从逻辑的抽象推论而由人类的心理出发的洞察，的确非常真实也非常令人沮丧，说明了对人类未来整体繁衍发展最有利、最完美行为的追寻，并不单纯是愚昧或聪明、知道与不知道的问题，就像中国古来对美好君臣关系的早早理解，并不等于几千年来的实况，还是一再有一些应该和臣民共生的君王想偷偷摸摸当一个寄生者。

世界上最神奇的谋职术

这实在是一则神奇得不得了的故事，“居乡三逐，事君五去”这样的履历表有人敢填，竟然也有人敢要，应征的还是国相这个最好的职位，这可能是全世界最神奇的谋职术了。

故　事

杨因听说赵简子广求天下之士，特地前去拜见，自我介绍是：“因为和邻居不和，被迫搬了三次家；侍奉过五个不同的君王，也都以罢官收场；现在听说您广求天下之士，所以特地前来求见。”

赵简子一听，饭也来不及吃完就赶快吩咐大礼迎接，左右侍臣觉得奇怪：“三次被邻居赶走，一定是行为不容于众人，五次罢官，显然是侍君不尽心尽力，有这八次不良记录，为什么还要接见他呢？”

赵简子说：“这你们就不懂了，就像美女一定遭丑妇妒嫉一样，在如今这个乱世里，有才能的人一定被庸人所排斥，行事正直的人一定被恶人所憎恨。”

于是以大礼迎见杨因，拜为国相，果然赵国大治。

这实在是一则神奇得不得了的故事，“居乡三逐，事君五去”这样的履历表有人敢填，竟然也有人敢要，应征的还是国相这个最好的职位，这可能是全世界最神奇的谋职术了。

姑且让我们相信真有其事。

侥幸活下来的孔子

从某些角度来看，我以为中国人真的是很悲观的。

从什么时候开始的我不知道，其实也无所谓，但可以肯定的是，至少从孔子以来，德行高、能力强的人会不会得到和他美好本质“相等”的待遇——包括活着的时候被重用、得到待遇好的职位、众人的欣赏赞佩，以及死后在历史里留下名字，千古不朽等等——一直遭到质疑。因为孔子便是个“以身作则”的人，他是后代中国人心目中德行、能力的双料冠军（按明清以前看法的平均数），但老先生生前几次跑遍天下自我推销都不成功，大话也说了，牛皮也吹了（孔子说只要试用他三个月包管大有成就），依然得不到什么试用的机会，甚至当时的名声也不及晏子、子产等人，还三番两次遇到刀兵之厄，严重的一次整整饿得了七天七夜，随行的学生信心都饿动摇了，历史上称之为“陈蔡之厄”，能活得过来多少有点侥幸。

这当然是“不合理”的。

我以为，这样的不合理不能当成抽象思辨的问题而等闲视之，这会直接影响到人行为本身——从心中的世界图像到实际的现实行为。危言耸听一点来说，历史很难在这样不平衡的状态之下顺利前进。

我们可用现代人较熟悉的方式，试举出其中一点来做说明：大致来说，除了本能的、反射性的生理动作之外，人的行为多少带着预期。比方说，经济方面的小从一餐的温饱大到富甲天下，非经济方面的小从身边亲友的一句赞美大到留名青史，类似的心理预期便构成了行为的诱因，从而产生一大部分行为的动机和驱力。当这些预期变得不可靠或甚至背道而驰，便会瘫痪成扭曲行为的动机和驱力，于是人容易变得麻木，甚至乖张堕落。

“我做了好事，却总得到完全相反的结果，那我为什么要那么傻，一直做好事呢？”这其实并非不正常的心理，通常在历史大灾难的时期特别清晰可见，比方说上世纪三十年代有名的经济大崩溃时，史无前例的巨大通货膨胀完全切断了“耕耘”和“收获”之间的正常关联，当然也就没有人肯沉下心来埋头工作了；或是在大战乱的时代，充满了掠夺、不公义、投机的不正常时刻，原来高贵的、合于道德的行为总显得特别愚蠢可笑而危险。

从这点来看，孔子宁可一个国家没有军队，没有足够的粮食，而不愿人民丧失这种看起来很抽象的可靠安实的感觉，其实是很有洞见的。

但是，当这种“不平衡”产生时，要怎么解释呢？

孔子的“终身之忧”

老庄的方式比较简单干脆，直接承认这是现实世界的常态，“天地不仁，以万物为刍狗。”这虽然并不怎么安慰人，但却教人正视现实的不尽公平和美丽。既然这样的不平衡可以是正常的，也就不需要讶异、抱怨和自怜，相反的，能硬得起心肠来俯仰于不尽美好的现实世界，反而有一种洒脱和自由，甚至可以变得非常务实。所以老庄尽管说“绝圣弃智”，看不起任何成形的学问，但老庄一脉的人物，常最多才多艺，最善于在这种不平衡的外在状态下保持自我的平衡，最长于在所谓的乱世里发挥威力，如刘邦、张良、曹操、崔浩等。

在中国历史上，领头在乱世里披荆斩棘的人物通常是老庄的，守成的儒者不与焉。相对的，儒家的方式就显得迟疑而有点放不开，常有过重的包袱在身。

就说孔子的方式好了——其实后代儒家也一直沿用孔子当年的说法。理论上，孔子把时代分为两类：一种是有着基本平衡的“好”的时代，称之为“天下有道”的时代，这没有问题，仁人君子只要按自己的认知努力去做，自然会得到和能力相称的结果；另一种则是显著不平衡的“坏”的时代，称之为“天下无道”的时代，这时人既然不应该改变自己的行为去和堕落的现实妥协，便只有选择退隐自保的方式了。所以孔子说在这种坏的时代里人若享有禄位和名声，是一件可耻的事，因为这说明你改变了行为去附和现实的不公义。

但这样的二分法太极端了，也太宿命了，孔子自己其实并不遵循这样的原则，却选择另一种看起来较“伟大”的方式：用人自己的力量，来改变看起来愈来愈不平衡的现实世界。

然而，改变一个时代谈何容易，这也是孔子的“终身之忧”。于是我们看到了孔子对子路说：“如果做不到，不如让我们做一艘小木筏退隐到东海上吧！”我们也看到，当孔子听到荷杖老人、接舆、长沮、桀溺这类服膺自保原则的隐士半讽半劝时，总有被刺到痛处的怅然若失和委屈之感；我们更看到，当被匡人和桓魅围杀时，孔子说的：“上天生我孔丘，不就正是要我拯救这个丧乱的文明吗？在我还没完成任务之前，匡人（或桓魅）怎么可能伤害得了我呢？”这状似豪情万丈的自白，当然有很浓厚自我打气的意味。

以时间换空间

但这样的讲法不是太残酷就是太弯弯曲曲了，一般的广大百姓很难听得懂也很难做得到，因此常常需要更简单、更能抚慰人的语言，比方说“善有善报，恶有恶报”这一类的话，这就是宗教。

从这个角度来看，尽管中国历史上的两大思想主流道家与儒家，根本上都没有什么神秘的倾向，甚至还有“抵抗”宗教的意味，但对一般的庶民来说，宗教的慰藉仍有其必要性，尤其在这种不平衡的乱世，通常是宗教最得势的时代，像道家真正发展出另一个支脉的道教，佛教的大兴，皆发生在“五胡乱华”的魏晋南北朝时。

宗教究竟如何来对付现实的不平衡，而完成救赎呢？简而言之，就是“以时间换取空间”。

我们先假设一个粗糙的等式：耕耘＝收获（且用最接近常识的意义来定义“耕耘”和“收获”这两个词）。当不平衡的乱世来临，即这个等式被严重破坏的之时。这要如何补救呢？我们很容易想到一个方法，就是把时间拉长，看看有没有机会藉此消除侥幸和特例，以回复两端的平衡。用中国的语言来说，叫“不是不报，时候未到”；用西方的语言来说，叫“上帝只是打瞌睡而已，并没有真的睡着”，这是把平衡的希望寄托于未来。

然而对身处其间的人们而言，寄予厚望的“正义的未来”尚未到来之前，我们如何能相信而安心地等待？这时天上那个神圣公义、无所不能、自有他不告诉我们巧妙安排的神，便是兑现这张远期支票的背书者，由此可消除未来不确定的可能退票危机，让人无牵无挂地安心过活。

圣奥古斯丁在他的名著《天主之城》的头几章里，便用这种方法努力恢复这个被破坏的等式，那是欧陆蛮族入侵、西罗马帝国刚刚覆亡的时候，现实一片狼藉，很多高贵的、善良的、无辜的、贞节的人遭到不公义的侵暴杀戮，胳膊粗的野蛮人可以无恶不作而不被惩罚，因此圣奥古斯丁列举了很多个案，试图证明，如果不用一时而改用一辈子的时间来看，“到头来正义贞节总是得到补偿”。

而一个乱世的时间长度通常不是人寿所可比拟的，历史的事实总一再证明，上帝不仅好打瞌睡，而且经常一睡不醒，这怎么办呢？不想退票就宽限还债的期限吧！于是再把时间拉长，成为隔世的报应，乃至于几世代的报应，这是中国人熟悉的祖先作恶，祸延子孙的概念。

时间的极致是什么？这就导致“审判”这个概念的出现，当时间被拉得无限长，这个等式就在天国被完成，因此基督教的末日审判，或中国从佛家借来转变成的十殿阎罗的审判，从这层意义来看，便是这个等式一定完成的最后保证，也是最终正义的体现——由于时间是无限长，没有人真正能看到（或说一切结束大家才一起看到），因此绝对没有退票之虞。

历史成了“人间的宗教”

宗教这方面的救赎功能，我个人以为，在中国的历史里，有一大部分是由历史来替代它完成的。

至少从孔子笔则笔、削则削地作《春秋》以来，中国历史的记载便一直很强调历史褒贬这件事，以留名青史或遗臭万年来完成不完美的现实世界所无法得到的完整正义。人寿不过百年，而历史的时间却是千秋万世，如此来说，一时不当的胜利和失败如过眼云烟，而不管是荣华富贵或贫贱夭折，也不过是个泡泡而已。

从这个角度来看，历史的褒贬便接近于人代替上帝的审判来完成正义，历史本身则成了“人间的宗教”。这样以人代神的“僭越”，也难怪孔子作《春秋》时要有点神经质起来：“后代人若要责怪我，最可能就是我作《春秋》这件事吧！”

遥远的正义

因此，除了思想主流的“非宗教化”以外，中国完整的记史工作，也分割了——或说抑制了——一部分宗教的需求，这也可能为中国宗教的不够发达多做了一点解释。

但宗教在中国毕竟还是存在的，因为它的语言最简单，对抗不平衡最明确。马克思用“鸦片”来形容，如果我们把指控的贬义暂且搁下，对一般百姓来说，宗教的确最能在乱世里帮助止痛，并把遥远甚至不可能的正义投射入人心里头。这可能是幻象，却可以是“真的”。

遥远的正义，当下在心中完成，这是老庄、孔子和一部部史籍所做不到的。

哲学家与官场生态

鲂鱼的神话真正破灭的原因，我想倒并不能归诸终南山的“人工养殖制造业”的兴起，而是中国人的想法慢慢变了，时代也慢慢变了。

故　事

宓子贱出任单父一地的邑宰时，先去拜访阳画：“对我有什么赠言吗？”

阳画说：“我出身贫贱，哪懂什么治民之道？只有一些钓鱼的心得说给你随便听听：你一投下钓丝，马上就冲过来吃饵的，这种鱼叫‘阳桥’，肉很少，味道又差；另外有一种鱼，你不太感觉得到他的存在，也不太肯吃饵，这是‘鲂鱼’，肉质肥厚，滋味非常鲜美。”

于是子贱上道赴任，还没到单父，就有很多人争先恐后地出城迎接，子贱一看，赶快吩咐车夫：“开快一点，阳画说的那些阳桥都来吃饵了。”车子直入单父，子贱立刻亲身拜见没出迎的当地贤达父老，请他们一起来治理单父。

这是一则很好玩的故事，很多的历史真相，不也就是这么留下蛛丝马迹的吗？

钓鱼心得

然而是不是会毛遂自荐的都是阳桥？

似乎这么问就已决定答案了。“毛遂自荐”这个成语让我们想到，起码当年向平原君自我推销的毛遂就应该是属于鲂鱼一族的，平原君从日出谈到中午没办法说服楚王合纵抗秦，毛遂跳出来几句话就当场议决，这样的本事能算阳桥吗？

仔细再来想阳画的话，里头似乎隐藏着两组不同的概念：其一是吞饵的速度，意指趋炎附势的小人和富贵不淫的君子之别；其一是肉质的好坏，意指实际能力高低的差别。前者较倾向道德，后者则倾向现实作为的能力。

如此，我们的问题变成：这种道德上的毛病是否会和能力上的毛病完全同步？它们之间有什么程度的相关性？

阳画的想法是彻底实证性的——从他钓鱼的经验里察知的。然而正如伟大的怀疑主义者休谟所指出的，实证性的现象归纳是可能出问题的。甲现象的发生持续地伴随着乙现象跟着发生，我们却不能据此相信这两组现象有什么必然的因果关系，它可能是偶然的（如阳画恰好只钓到这两种鱼），或是特殊的（如阳画钓鱼的河里恰好只有这两种鱼）。以如此简单的经验观察试图为两组现象建立紧密的因果关系，一般我们把这种错误称之为“相关性的暴力”。

是不是也有一种鱼是既吃饵凶、又肉质很好的，比方说吴郭鱼之类的？

理想国的哲学家

然而理论无法成立，却也不等于是百分之百无稽，阳画的心得还是可能“有效”的，因为道德的优劣和能力的高下并非完全不相干，然而其重叠部分的大小却也随着时代的不同而有所消长，因此这有效性的程度又跟着起落。历史比纯粹是非二分的逻辑推论有趣也伤脑筋的地方便是如此。

我们能不能先简单地这么来想：每一个人的时间心力都有一定的限制，花在“表面功夫”上愈多，则“充实内在”的时间心力自然就相对地缩减，因此平均起来能力的等而下之当然在比例上也就会偏高。

这其实有点接近柏拉图有名的“洞窟理论”的意义：柏拉图把人类的处境比喻成一群被铁链锁在洞窟里、只能背对光源的囚犯，世界的真相对他们而言，不过是火光投射在墙壁上模糊不清的幻影而已。其中只有少数的人能挣开铁链真正朝着光亮走出洞窟，这正是柏拉图心目中有资格治理理想国的哲学家。

但他们怎么可能舍弃好不容易才得到的“光亮、多彩多姿、真实”的世界，而甘愿回到只有幻影的洞窟来呢？所以柏拉图说：“心灵集中于真正本质的人，实在是无暇顾及尘世的事务。”依这光景，柏拉图显然会赞同阳画的想法。

终南捷径

但不营求于权势之门，毕竟只是德行的表征而已，并不真正等于德行高洁本身，因此，如果不真从肉质味道的不同去了解，光从吞饵的速度去分辨阳桥或鲂鱼，时间久了当然会出问题。我们很容易想到，就算肉质没法子立刻改变，起码摄食习惯可以改吧！不要抢那么凶吃那么快，练出这一点点忍耐工夫绝对不困难。

事实正是如此。

阳画这种太简易的二分法，知道了就马上可以倒过头拿来使用，而成为很好的谋职术。稍具几分脑筋的阳桥鱼儿只要觅一处高山宣布隐居，可不登时也俨然鲂鱼一条，是以位于长安稍南的终南山便成为改头换面的最佳地点：一来山明水秀，符合隐逸的氛围；二来离帝都不远——这最重要，传话方便，免得装模作样半天也没人发现，有弄假成真的危险。成语中的“终南捷径”这句，便是如斯计划下形成的鲂鱼罐头工厂。

只是这种方法用过几回后也就不灵光了，但鲂鱼神话真正破灭的原因，我想倒并不能归诸终南山的人工养殖制造业的兴起，而是中国人的想法慢慢变了，时代也慢慢变了。

想法怎么个变法呢？两汉以来，虽有消长起伏，但大体来说，儒家在中国思想、政治传统中的影响力与日俱增，而儒家的基本性格是非常入世的，并不特别鼓励隐逸，开山祖师孔子虽有鲂鱼之质，但一生吞食的方式却疑似阳桥。孔子就曾感慨地说过，他是人，所以选择和人住在一起，而不是鸟兽。

那，时代的变化又如何呢？中国的取用人才，从早期较自由不拘于形的方式，到两汉的朝廷举用贤良方正、高级官员和地方首长自行选取幕僚人才，慢慢演变到隋唐的考试制度，用人的管道愈来愈系统化、体制化，纯由名声而不次拔擢的名额一直在缩减，到后来甚至成为偶尔想起来才做一次的特案。

同时官僚系统也愈来愈层级化，分工也愈来愈细致，考核升迁有一定的步骤和程序，半途空降的情形既与体制不合，那么当然受到排斥，更无法胜任日常业务和官场“伦理”，因此，这种特案召来的人物，待遇于是愈来愈差，宦途也不太可能看好，多半只是放个小官小职的闲差，或者只由公家送块匾额要地方首长逢年过节、三不五时带点酒肉衣粮致意一番。到这种地步，从实质意义来看，砥砺气节以净化社会风气的用意，显然已替代了拔取人才的意图，和先秦那种不拘形式，死刑犯（管仲）、泥水匠（传说）或奴隶（百里奚）可能立刻贵为国相的惊人待遇，完全不可同日而语。

这种实质层面的变化，看起来装模作样也就愈来愈不划算了。

新的河川生态

从另一个角度来看，发展成科举制来取用人才，不管你是自利地想要谋求个人前程，或是利他地为国为民服务，都得凭着一己的真本事硬功夫，虽说实际操作过程中难免打个折舞个弊（但什么时代什么地方没有呢？），基本上还算有个公平客观的形式和标准，这就消除了很大一部分要自我推销的道德负担，主动的求官任事也就不再被看成是吃相不雅的阳桥鱼儿了。

后代的贤相名臣如司马光、范仲淹，我们只听过他们如何用功读书的故事，没有人去计较他们到底是不是被迫去参加考试、万不得已才金榜题名，倒是史籍里被列名隐逸列传褒扬一番的那些人，除了嘉许他们吃相文雅或甚至有本事不吃不喝之外，显然也看不出有什么特殊的才华和学识。

这种新的河川生态，新的鱼群，当然已不是早年春秋时代那个垂钓河畔的阳画先生所能了解的了。

“君无戏言”的逻辑

若只为了骑虎难下，把自己一步一步逼入更大错误的宿命循环，这本来就是最最愚蠢的。没有一种高贵的德行，是可以经得起这么极端使用而不出事的。

故 事

周成王和弟弟唐叔虞游戏，顺手摘了一片梧桐叶子给唐叔虞，说：“这是玉，我封你为诸侯。”

唐叔虞很高兴地跟周公说了，周公立刻去见成王：“听说您封了叔虞是吗？”

成王说：“没有啦，我只是陪他玩玩而已。”

周公说：“我听说天子是不能有戏言的，话一出口，就有史官在一旁记下，满朝官员谈论，全国人都会流传，这怎么能当玩笑呢？”

于是成王就封叔虞于晋，也就是春秋时的晋国。

“君无戏言”，这句熟得发烂的话，正是出自这则故事，也是这则故事直接简单的教训。

说是教训其实并不妥当，因为故事本身并没有给我们“教训”，只说到成王听从周公（《史记》里劝谏的人叫史佚，意思是无法确知而姑且存疑）的谏言，真的就封唐叔虞于晋，并没能就“戏言的恶”和“无戏言的善”提供任何现成的答案或说明。

如果唐叔虞是个王八蛋

这里我们可否问个笨问题：如果唐叔虞是个不堪造就的王八蛋，周公会不会或说成王不应该兑现戏言？在天子一言既出的威信和当时晋地一干人民的生死祸福之间，要怎么去计算和抉择？

很遗憾，想从史书的记载来追踪结果是徒劳的，封于晋的唐叔虞表现好坏并没有留下什么记录，事实上一直到晋文公成为春秋的霸主之前，晋国并不是个有特殊表现的诸侯。

但是，若我们把问题改成“信”（天子威信）和“义”（分封是否宜当）的冲突来看，则作为中国思想主脉的孔门便有现成的答案：“信近于义，言可复也。”——信诺如果是合宜的，就可以去履行；那如果是不合宜的呢？逻辑虽然有一点瑕疵，但至少希望我们多考虑、或者也可以不履行。这句话是孔子的学生有若说的。

换句话说，如果唐叔虞的分封是不当的，那依《论语》之意，这句戏言顶好是当它没发生，毕竟在这个例子里两害相权，晋地百姓真实的祸福看起来的确比天子抽象的威信要紧多了。

孔子也曾言而无信

我猜这样的选择相当符合现代人的想法，但中国历史上大部分的时候是怎么来的呢？

当然这不是一个容易回答的问题，事实上，历史上有尾生这样的人，也有刘邦这样的人，两种相互“矛盾”的现象通常可以一起存在。历史从来就不像简单的算数题目，只有一个简单的答案。

孔子虽不是君王，但他有没有“言而无信”过呢？当然有——虽然多少情有可原。事情是发生在老先生最后一次去卫国的途中，被占据蒲地背叛卫君的公叔氏拦住，后来双方和解，条件是孔子不去卫国，孔子也同意了，但事后孔子不仅不依约改变行程，还劝卫灵公出兵伐蒲，子贡质疑，孔子的回答是，被威胁而签下的合约当然不算数。

至于刘邦这个正牌的君王呢？那可就更多了，最著名的一次发生在被项羽围于荥阳时，刘邦听了郦食其的建议，打算广封被秦所灭六国的后裔为诸侯来争取人心，已经都下了令刻好印章了，被赶来的张良以八点不可的理由劝阻，当场追回前令，还把郦生臭骂一顿。

这两件事真的都没有变成“丑闻”，这虽然不足以证明中国历史偏向“可以不履行”这种选择，但至少说明非常容许这种选择的存在。

而以我个人读史的一点经验，我想，更进一步地说，在实务的操作上，偏向于这种选择的确较符合大多时候的历史面貌。

我们都知道，中国谏官的传统所以成为中国历史上最醒目的特质之一，便在于这些人想办法要做到的，就是要求皇帝收回已然说出的话，如张释之使汉文帝取消啬夫（掌园苑的小官吏）超升为上林令的命令，否则会伤害朝廷的纲纪；魏徵要唐太宗压制对爱子魏王泰的特殊承诺，避开日后可能的骨肉相残。当时计较的只是发现错误能不能快一点补救，威信不威信的问题根本来不及理会。

更进一步，这些人还想出不少语言来鼓励当君王的“自食其言”。比方说，他们常安慰君王，犯了过失说错了话，根本就不必掩饰或怕人民知道、流传，因为君王犯错是“日蚀”，全天下都看到了，但只要能赶快改，那就像日蚀过后，大家都会高兴得拍手欢呼一样；又说“宿善不祥”——意思是放一晚上等明日天亮再做，这是最大的不吉利云云。

其实更简单、更追根究底的来说，过分黏着自己说过的每一句话，根本就没办法做事，一般人尚且如此，号称日理万机、每天都要说话要做事的君王更是如此。

记得有社会成本

但这并不是说“君无戏言”这句话就一无价值。

上述简单的讨论，其实是建立在这样的假设上头，即当“信”与“义”处在相互冲突的状况下。然而更多的时候，“信”本身是具有独立价值的德目，代表着信任、信心、可靠、安稳和有所遵循，尤其对居于上位的发号施令者而言，每一次的破坏都不可避免地需要人民从心理到行为程度不等地重新调适，换句话说，都必须支付不等的社会成本，所以唐太宗说：“法令不可以任意变更，否则就会造成人民的困扰，尤其是前后法令不同的那段期间，最容易被不良的官吏利用来做坏事，因此凡有变法，都必须审慎从事。”

因此，“君无戏言”这句话是提醒居上位者在每个决定、每个命令下达之前，敬慎小心的必要性，非得有所变更，亦须留意可能伴随而来的紊乱、不适应，威信和下一次命令被接受程度的磨损，这些很容易忽略的社会成本都应列入每一次变动的损益计算里，得扣减新作为的一部分正面效益。

真正言出必行的人

说起来，在中国历史上真正把“无戏言”“言出必行”履行得最彻底的，我猜并不是一句话一个动作都会影响无数人的君王，而是一些豪侠式的人物，像司马迁写在《游侠列传》《刺客列传》里那些常为了一句话拿自己生命开玩笑的“汉子”，又如号称“一诺千金”的季布便也充满这种江湖味道，他一生的行径遭遇也和另外一些侠客人物纠缠不清。

除了司马迁“多有不忍”之外，中国历史上对这类的行径评价一般偏低，而很多时候这样的行径也是看了让人生气的，就像一些通俗类型的二流电影里的情节，比方说武侠片里便常有一种即使是坏人拿到手你也得无条件听命的所谓帮派祖传信物（我永远弄不懂为什么有个傻瓜祖先要发明这种东西），或是黑社会片里的男主角宁可抛家弃子，把自己弄得潦倒狼狈，最后还得牺牲几十上百条无辜生命才能履行，履行起来却完全没有意义的一句承诺或一分恩情。

所以有位禅师说“骑虎头云云是瞎汉”，意思是若只为了骑虎难下，把自己一步一步逼入更大错误的宿命循环，这本来就是最最愚蠢的。

没有一种高贵的德行，是可以经得起这么极端的使用而不出事的。

皇帝的魔镜

谏官是中国历史非常重要的一环，不仅是中国历史很独特的现象，也关系着我们对历史的权力结构、官僚制度和社会价值观的理解。

故 事

《易经》蹇卦说："王臣蹇蹇，匪躬之故。"

意思是说，忠直的臣子劝谏君王，为的不是自己能得到什么好处，而是希望国家能避免危难。君王犯了过失，是国家危亡的开始，见到君王有过失而不劝谏，等于是不把国家的危亡当一回事，这是忠臣做不出来的；但劝谏了三次不蒙采纳，也就可以离开了，不离开则恐怕自己的生命会有危险，这种不爱惜自己生命的行为，却也是仁人所不应该有的。

至于在劝谏的方式上，孔子赞成用非正面的、隐语婉言的方式，称之为"讽谏"。因为不劝谏恐怕国家会有危难，劝谏得太激烈又恐怕自己的生命有危险，虽然说国家远比一己的生死重要，但是如果丢了性命又不蒙采纳，也还是得不到劝谏的效果。所以必须考虑君王的性格、当时的实际状况，衡量事情的轻重缓急，以找到一个最适宜的劝谏方法，最好当然是能兼顾国家和自身的安危。

春秋时，泄治劝谏陈灵公而遭杀身之祸，曹羁三谏曹君不听而离开曹国，孔子作《春秋》，虽然都称赞两人是贤人，但真正比起来，曹羁才合于劝谏的礼法。

这是《说苑》里《正谏》一卷的前语，然后才是刘向收集的二十一则谏言的故事，当然只限于西汉以前的。

比较这段前言和《礼记》里有关谏争部分的说法，几乎没什么相互抵触之处，我们当然不能鲁莽地就此相信，中国人便完全遵照这个剧本来一谏四五千年，但我们却可以相信，这是西汉之前谏言者的主要理论指导原则。

换现代的语言说，这是西汉前的“应然”，但不见得是“实然”。

“向着君王说话”的专业人士

谏官是中国历史非常重要的一环，不仅是中国历史很独特的现象，也关系着我们对历代的权力结构、官僚制度和社会价值观的理解，但因广泛地散落在浩瀚的史书之中，并不容易整理出简单清晰的图像来。

从历代记录完整的官僚体系去了解，是方法之一，却不容易窥得完整的面貌。大致来说，言官的设置应该从周代以来就存在，比方《周礼》里便有“保氏谏王恶”的记载（当然我们也可以怀疑《周礼》的可靠性，这个“保”字其实还不成其为姓氏，而是官职），但说起来，在历朝历代的职官系统中，这组“向着君王说话”的专业人士，人数并不多，叙品也不高，像唐代的谏议大夫、左拾遗、右补阙等，在正式的排行中只在中下。

倒是另一组“向着朝廷百官说话”的专业人士要人多势众也位尊权重得多，这就是中国历史上有名的监察系统，至少从秦朝开始，监察系统的头子御史大夫便已是皇帝之外，一人之下（丞相）、万人之上的副丞相之职，底下尚有一大堆人员分头负责各式各样的业务。

一般来说，监察系统的主要任务是监督整个朝廷百官风宪，甚至定期或不定期地分派到各地方去了解民情、巡视业务（像“刺史”职，本来正如字面上的意思，是朝廷派到各地“刺探”的御史人员，属于监察系统，后来成为长驻性人员，遂演变成太守一样的地方行政首长），当然后来也陆续加进一些零零杂杂的工作，如会同审理重要案件、缉捕盗贼等等，但论其专职和“谏官”还是两回事。

把这支强大有力的监察系统排除在外，我们会发现，真正正牌的谏官就可怜兮兮起来了：人员少，叙品低，又没有在制度里明言对其劝谏所可能引发的“职业伤害”有明确的保障，如今天的言论免责权，或是土一点如戏曲里的免死金牌或先王特赐的金鞭、宝剑之类的东西，说好可以上打昏君下诛奸臣什么的。

很难想象这么单薄的架势如何拿来和理论上并没有清楚限制的王权相抗衡，因此也难怪我们容易把史书里那些层出不穷的直言劝谏、生死不回的故事，皆简单想成历代写史的人想象力的成就。

我个人很能理解这种怀疑，但我的想法是，所有写史的人一起说同样的谎言、在不同的时空集体编故事的大骗局同样是很不可思议的，因此，我的建议是，我们可能要迂回一些、麻烦一些，从制度以外的地方来寻找。

历史成为“隐形谏官”

首先，我个人的理解是，所谓的“谏官”应该是广义的，应该扩充至所有的文武官吏，甚至可能还包括一些有机会把资讯传达到君王身上的庶民，如此，这个阵容看起来就像样多了。

其次，在制度上（或应该说官制里经由传统的约定俗成的职掌和责任）就让劝谏有成为日常业务的可能。比方说，至少在明朝之前，宰相乃至于三公八座的权力很大，他们不仅是国家实际行政事务的操作者，而且重要一点的事情通常都得发下商议，除了少数意志力特别强的君王，通常君王都会接受这个会议的结论，而诏书一发下，从草拟到审核到执行（唐制是中书、门下、尚书三大部门分别职掌）都可以表示意见，封还诏书——即要求君王作业重写的打回票——也很常见。而负责各种不同业务——如军事、水利、营建等等——的官员至少也要在专责的实际业务上发言，这都是中国历史的常态。

另外，比较重要而沿袭不变的是，堪称相当完备的史官系统扮演着一种"隐形谏官"的角色。比方说，中国自古以来便有左史记言、右史记行的规定，这两个牛头马面的职责，是将君王的一言一行随时记录下来，这便是历朝起居注的传统，而且规定君王不能偷看。唐太宗就曾以"我只是想知道我有没有不小心做错事，看一下可帮我反省改正"的理由，想向褚遂良骗来看看，被褚遂良拒绝不说，又当场被一群人围殴而作罢，最凶悍的魏徵还恐吓太宗，"就算褚遂良不记，天下人也一样会记下来。"

至于更全面的记史部分，如正史的完备，后代修前代史的传统，死后的谥法商议，都有同样差不多的功能。

而我以为最关键的，能让上述的劝谏功能成为可能，形成谏官权力的真正根源，在于长远的历史传统，这当然和以儒家为中心的知识分子的自我要求有关，更重要的是长期积累所形成的力量，任何前代的成就和经验，都直接成为这一代的守则和压力。这种看似不在但却实际存在的厚实累积，使它有机会和王权取得相当程度的抗衡，并形成相当有效的职业保障。

无官不可谏

因此，以“无官不谏”来表示这方面从业人员的真实数量，这当然是夸张，但若说“无官不可谏”则大致上应该是真实的，前引《易经》说的“王臣蹇蹇”，指的便是心性而不是职业，更没限定谁可谁不可，只要看到君王有过，而且自认忠直，就拥有不可怀疑的资格。

理论如此，而事实又如何呢？

就以《说苑》正谏这一卷所选的二十一则故事来看，劝谏的人便各有高低参差的身份，其中劝谏赵简子的公卢只是个全身披甲的战士。至于贾谊，上书时是梁怀王太傅（诸侯王的老师），数谏汉文帝的张释之是廷尉（掌刑法）。《贞观政要》一书更明显，其中正牌的谏议大夫是魏徵、王珪、褚遂良等人，然而整个唐太宗执政的二十三年期间，上从长孙皇后（我以为是中国历史上最了不起的皇后之一），下到不识字的尉迟恭、谄媚的封德彝等人，轮番上阵。而魏徵干谏议大夫是从贞观元年到三年，王珪则不满一年，之后便分别升官了，但这完全不碍两人对李世民的“饶舌”，直到贞观十七年和十二年分别病逝为止。

史书里忘了是哪一个朝代，只记得是一个并不怎样的君王，底下一堆并不怎样的臣子，有次这个并不怎样的君王想盖个其实规模并不大但确实是多余的楼台，短短几天内接到臣下谏言不宜的奏书达两三百份之多，这样的“火力展示”想想真的是很吓人，大大提高了试图拒谏蛮干所必须支付的成本，结果当然是没盖成楼台。

这样动辄上百人（就算一个人平均负责写三份）的阵容，又哪里可能都是名正言顺的“谏官”呢？

半吊子的“社稷之臣”

号称社稷之臣的晏子，处在三代的乱局之中，果然不是随便说说而已，他始终身体力行地认真补过，至于君王死的死逃的逃，好像跟他没什么关系一样。

故　事

齐侯问晏子：“忠臣是怎么侍奉君王的呢？”

晏子回答：“很简单，国家有难不跟着死，君王逃奔出国不跟着走。”

齐侯说：“做臣子的平常接受君王土地的封赏、尊贵的爵位，危难的时候反而这样回报君王，这能算忠臣吗？”

晏子回答：“如果君王能听从忠言，一辈子国家也不会有危难，君王也不可能出奔，那又何来殉死或跟着出亡呢？相反的，如果因为不听忠言而导致国家危难、君王出亡，这样的君王又何必跟着他死或逃亡呢？所以说，所谓的忠臣，是在平常能劝谏君王、忠告君王，而不是傻瓜一样跟随他去赴难。”

这则故事里的齐侯，可能是灵公、庄公或景公，晏子仕齐三代，正是齐国多事的时代，其中灵公勉强算是善终，庄公则被臣子崔杼所杀，景公则死在晏子之后。

而号称社稷之臣的晏子，处在这三代的乱局之中，果然不是随便说说而已，他始终身体力行地平日认真补过，至于君王死的死或逃的逃，好像跟他没什么关系一样。

什么是社稷之臣呢？史书里记载晏子和管仲都曾谈过这个问题，很巧合的是这两个人都是春秋时代齐国顶尖的人物，不知道为什么齐国人对这话题特别有兴趣。

晏子谈这个问题，是因为有一回齐景公要晏子替他取食物和衣服，被晏子以“我不是你的厨子或衣官”拒绝了，景公问那你是什么，晏子回答的就是“社稷之臣”——没太多的说明，只强调是位于朝堂之上的，处理国家的重要政治事务的。

管仲的讨论就比较深邃，因为生死攸关。当时他还是齐桓公小白的敌人公子纠那边的，要说明他自己为什么不为公子纠殉死而可以投靠齐桓公。

管仲的意思是，所谓的社稷之臣对社稷（即国家）的考虑应该无条件高于君王，社稷亡了，则还可以考虑跟着去死，若社稷还在，只是君王个人死掉或出走，那替他悲伤难过一下就算仁至义尽了。这里很清楚地把国家和君王分开来，两者并不等值而可以任意交换——很接近这则故事里晏子的说法。

就是清楚这层意义之下，晏子才称为“社稷之臣”——属于国家而不属于特定哪个君王。

三谏而去

晏子不仅言行合一，而且他给齐侯的答复事实上也很合乎当时“三谏而去”的礼法精神。

原来在早期的中国，君臣关系和我们今天对君王政体的一般想法可能有不小的出入：

其一是，君臣的关系有“相对化”的倾向。并不是只单向要求臣子得没命而愚蠢地效忠，而君王可以坐在那里只享受权利不必尽义务，从《尚书》里的《皋陶谟》和《益稷》中舜和群臣的对话便有这样相互“勉励”（或说推诿责任）的意味，往后到春秋战国时，流传下来的君臣故事通常也不超出这样的讨论基调。

最清晰的说明莫过于《礼记》和《孟子》。《礼记》一方面以伦常的双向观点从本质上含射君臣关系，一方面则把这样的君臣关系理论化为实际的礼法仪节；孟子则明明白白提出了一大串“君王把臣子看成什么，则臣子当然也就把君王当成什么”的相对说法，并进一步宣布君王是可以被臣民片面宣布取消资格的（闻诛一夫纣矣，未闻弑君也），这也使得中国的改朝换代早早就可以没有太大的道德负担。

其二是，君臣的关系是“有限”的。比方说，相对于父子的血缘承传和师生的道统承传而言，《礼记·檀弓》要求事亲是“有隐无犯”，事师是“无隐无犯”，事君则是“有犯无隐”，其中独独对君王是既可以摆明了冒犯、又不必刻意帮他掩盖过失；而侍亲侍师的方式是“无方”——意思是巨细靡遗，只要看到能力上做得到的都必须去做，侍君则是“有方”——意思是有限度的、只要真正管好和自己职务有关的部分就行了，像现在“有限公司”的责任一样，赔偿尽了公司原来的资本额就可以了事了。

这样相对而有限的君臣关系可以是相当松弛的，甚至可以由做臣子的片面宣布解除——激烈一点如孟子的方式，缓和一些如《礼记》说的，作为臣子劝谏的礼法，并不必明白直接的劝谏，用“暗示”的就可以了，而且三次暗示没反应，就可以走人了，从此两不相欠（如真的依礼法规定，君王还不可以马上取消此人的官位，要替他留职停薪三年之久），不像对父亲，存在着先天不可解除的血缘，即使三劝不听，也只能哭着跟在身后不能跑掉。

历史的断裂与连续

这样的君臣图像和可进可退的劝谏方式，在春秋战国时的群雄并起，“此国不留爷，自有留爷国”的状况下，应该是可理解也有相当程度的真实。所以孔子可以离开鲁国，孟子大部分时间待在齐国和魏国，整个春秋战国的人才跑来跑去，而且情形愈来愈严重（战国末期秦国连续几代丞相如商鞅、范雎、吕不韦便都是“外来”的），也没听过谁曾经惭愧得要死或遭后代认真严厉的指责。

至于更早期的夏商周三代就比较可能出现争议了，一来是史料有限，二来是如六经这些书籍的可靠性和时间性有可质疑之处，因此，我们前引那些出自《礼记》《尚书》之类的“证据”，也可能因一句“六经系孔子假托古代历史而创作出来的”“六经系经后人的增修，书成于春秋战国乃至于西汉”等理由而完全不可靠。

我个人读史的想法是，六经当然有后人增删修改的成分，但若说完全是春秋战国时人“想象”出来的，未免也太高估了人的想象力和低估了历史的连续性了。

我个人不是教条化历史理论的信徒，我相信人可能创造、可能超越，不会完全被所谓的“下层结构”所决定，但这并不意味着我们必须跳到另一个极端。

在创新性的断裂和演变性的连续之间，有很复杂的牵牵扯扯，而且是实证性的，很难只靠一两个预设概念的演绎来判定。我们且回到夏商周三代君臣关系的大致图像这个问题上，我的猜测是，这段期间的政治体制应该是相当疏润自由，君臣关系不至于和春秋战国时的描述相去太远。春秋战国时“出现”的对君臣关系的理解（或说理论），应该不至于是全面性的“翻盘”。我的想法是，较大程度的断裂通常来自一种“反动”——意思是对现实状况渐趋于另一种不可忍受的极端而出现对抗式的反弹，比方说民主的浪潮出现于专制的高峰、社会主义的想法来自资本主义掠夺式的放任时期。

而我们知道，从西周到东周的历史发展显然不是如此，周天子的失势不是因为太霸道而是因为太无能，不是暴烈的下台而是在平王东迁后威信一点一点地流失，因此，若相信周代的君臣关系原是比较紧张严厉，则管仲、晏子、孔子等人不约而几乎完全相同的想法便显得很突兀、很难解释，找不到发生这种普遍想法的历史支点。

而且管晏和孔子等人都是较偏向现实时务的人才，不同于战国诸子那么强调理论性，我们很容易知道，实务性强的人注重经验、注重制度、注重历史，趋向于改良和调整而不是革命和创新，因此我以为春秋时代这种对君臣关系相当一致的描述，很可能相当接近早期的历史；而战国诸子的想法理想性格比较重，相对于“实况”就显得较分歧而夸张，比方说孟子便太“强调”臣子这一面的平等地位和权利，而法家又太要求君王这一面权限的提升。

另外，君臣关系这个问题牵涉到制度和习惯性的操作成分较多，不同于如本体论、认识论的较纯粹思辨问题，往往有较大的惰性，尤其像《礼记》里那种细致的、从朝廷大事到衣食小节的完整礼制，这若没有相当的现实基础，凭空想象是不太可能的。

因此，我个人的偏见是，“三谏而去”的礼法，虽然可能成于春秋战国——因为分立割据的现实状况比较对应得上礼法的施行细则，但礼法背后那种对劝谏和君臣关系的理解和操作精神，应该不至于和早期历史实况有太大的差异。

换句话说，截至春秋战国，有限度的王权，加上对劝谏者还算周全的保护方式（讽谏、三谏不听可去、君死可不赴难等等），使劝谏君王成为相当人性、危险性并不算太高的一件事。

这里，就三谏的礼法规定，我们再来问几个笨问题：

一、如果没来得及劝到三次就被宰了怎么办?

二、秦朝统一天下之后，三谏不成而去，究竟有哪里可去?

三、在先秦的时代，事实证明有人因劝谏而死，又是发生了什么事?

简单的答案可能是：

一、如果用讽谏（暗示）的方法，来不及三次的几率其实相当相当的低，因为如果君王太笨而听不懂，那等于是什么事也没发生，大家可当成没输赢；如果听懂了而不接受，由于暗示的方式既不容易激怒君王，也不会让他觉得没面子，因此你知我知，需要立刻翻脸相向的情形应该很少见。

二、秦汉以后，王权的确有逐渐加强的倾向，君臣关系也较紧密清楚，渐趋系统化的官僚制度的确不是能说走就走，但若说天下之大难有隐退之处，罢官求去又担心有负气的意思，可能反而更激怒君王，其实还可以“大隐于朝”——不开口了，反正劝谏本来就不是不做会死的义务，纯粹就技术层面而言，并不是完全行不通。但我们不否认，现实的转变，的确使礼法的适用出现困难。

三、劝谏而死的问题比较麻烦，留待以后再仔细一点来谈。

合法性根源

从史书的记载来看，这“三谏而去”的礼法在秦汉以后确实便不太流行、少有人提倡了，但“劝谏史”却方兴未艾，并没有因此成了明日黄花。

我的想法是，对于差不多和中国历史一样长，没听说有太久间断的谏官传统，以这样危险性不太高又很顾虑到人性的劝谏方式为起点，的确是好的开始，这使得劝谏的“合法性”和尊严早早确立，往后虽然随着现实情境的变迁，在操作方式上非得有所变异调适，但对敬重历史传统——甚至过分高举历史传统——的中国人而言，其意义和影响却是徘徊不去的。

“明哲保身”未必错

有没有人常要别人“不劝谏”呢？其实是有的，这个人就是孔子。孔子的本意是基于职业安全的考虑，若眼看大势不行，能逃则逃，能去则去，要不至少不要开口，当个明哲保身的表面傻瓜。

故 事

石益对孙伯说：“你晓得吗？吴国就快亡国了。”

孙伯说：“你现在才知道吴国会亡啊，我早就知道了。”

石益说：“你既然那么早知道，为什么不去劝谏君王呢？”

孙伯说：“有什么用呢！当年夏桀是谁劝谏就宰谁，纣王剖了叔父比干的心，这些亡国的君王哪里会听臣子的话，相信亡国的危机已近在眼前了呢？”

这是一则很特别的故事，特别在哪里呢？在于说的是“不劝谏”。

故事中那个快要亡国、没有露面的吴王就是夫差。

明哲保身

为什么不劝谏的故事很特别呢？因为不可张扬。我们先再来介绍一个人，叫叔孙通。

叔孙通是秦末汉初的人物，他最著名的事迹就是帮后来的汉高祖刘邦制定了汉代的朝仪，在《史记》里被司马迁推崇为一代儒宗，但一生行径却被后代的儒者所鄙夷不齿，是个争议性很大而非常有趣的人物。

叔孙通倒真的是儒生出身，第一次当官是在秦二世当皇帝时，被征为博士。有一回，秦二世问到各地的民情，一群读书人出身的博士皆据实回答，说地方盗贼蜂起，眼看天下要大乱了，轮到叔孙通回答，说的却是，哪有什么大乱，如今天子圣明，四海晏安，不过是少数几个小毛贼不知时务，两下子就可以铲平，不必担忧。秦二世听了很高兴，当场赏赐叔孙通，而把一干说天下大乱的博士都加了罪。

事后大家责怪叔孙通为什么歪曲事实、哄骗君王，叔孙通的回答是："还说呢？今天我差点陪着你们一起掉入虎口，不赶快想办法跑掉，我看要来不及了。"

于是叔孙通第一个丢下官职不干，却去加入了反秦的行列。

这样的行为，挨后世儒者的白眼看起来理所当然？一部分当然是因为叔孙通知道天下将乱而不劝谏，一部分是因为不劝谏也罢了，还说了一堆歌功颂德的阿谀话，光凭这件事，就够让后代儒者拒绝承认叔孙通是同行。

可以做而不可以说

看起来"知匪不报"果然是"有罪"的，最起码是在道德上有亏失之处。

但若不知道天下将乱所以当然也就没办法劝谏又如何？我的想法是，那可能只证明（不是被指责）你是个笨蛋，但绝对没什么像样的道德责任或真实罪过。

这种“聪明所以有罪，愚蠢所以无罪”是什么意思呢？是不是恰好证明了中国的文化系统果然很“扭曲”很“畸形”？我的想法不是如此，这其实有更简单的解释，在任何时代任何情况下，能见微知著、看到一点点迹象就知道事情发展趋向的人永远是少数几个，因此，我们总会要求得多一点，希望这样的人能负起责任来拯救其他不知死活的大多数人，否则不仅辜负了天纵英明，多少还有些见死不救的意味，这样的抱怨其实是很人性的。

那少数的聪明人是不是就永远很倒霉？当然不一定，因为你若不说你知道，永远也就没有人会晓得你真的知道，你不过从一个“有危险的智者”回复到一个“没危险的笨蛋”而已，没有任何劝谏的礼法或道德的尺度规定你非知道不可，或者说检查得出来。

因此，总的来说，“不劝谏”是一件“可以做而不可以说”的事，像故事里的孙伯或叔孙通只是或因争一口气，或因口风不密，不肯压抑自己“挡不住的感觉”，所以多少惹来一些质疑。

说到这里，我们还会不会觉得中国文化的道德压力很可怕呢？我个人是觉得还好，毕竟劝谏一事，永远是权利——冒险犯难的权利，而并不是义务。

白白浪费生命

那么，有没有人常要别人“不劝谏”呢？其实是有的，这个人就是孔子。

在《正谏》卷头语里提过的泄治，就是第一个例子。原来泄治是陈国的大夫，当时陈国的国君陈灵公非常荒淫，和两个“志同道合”的大夫孔宁、仪行父一起泡上陈国一位超级美丽的寡妇夏姬，这一君两臣甚至在朝堂上公开交换心得，彼此展示夏姬送给他们的女性内衣，实在相当不像话，泄治去劝谏，被陈灵公派孔宁、仪行父宰了。

这样的行为孔子却毫不领情，据史料写孔子的说法是：“泄治只是个普通的大夫，和陈灵公非亲非故，却想要以自己一个人的力量，扳正一整个国家的荒淫无道，这样不自量力的牺牲，可说‘捐’（白白浪费生命）。”这是很重很不留情的评语。

又如齐国也发生类似的事，在位的也是齐灵公（灵是谥号，意思是乱而不损，是恶谥，大概因为这两个君王行为有相似之处），当时大夫庆克和灵公夫人私通，被另一大夫鲍牵知道，一状告到国相国武子那里，庆克只挨了一顿刮，然而倒霉的鲍牵旋即遭庆克陷害，被齐隐公剁了脚。这事孔子也不同情，还讥笑鲍牵是个笨蛋，不如向日葵聪明，因为向日葵还懂得用花叶挡住阳光来保护自己的脚——根部。（那会儿显然孔先生的生物学常识满有限的，不知道有“向光性”这个词儿。）

这两个不教人砥砺臣节、让后代儒者不知从何说起的实例，实在值得稍加留意。

我们且不管泄治和鲍牵做得应不应该、孔子说的对不对。孔子所以反对，理由皆是劝谏者地位平常，和国君于公于私关系不够，犯不着拿自己的宝贵生命和脚开玩笑。但我们知道泄治和鲍牵皆是大夫，大夫在诸侯国中地位仅次于非世袭的、特别指定才可当的“卿”；而鲍牵更是有来头，他虽是异姓，却是齐桓公当年登基的最大功臣鲍叔的曾孙，鲍家和高、国三家并列，长期是齐国最有传统的权势重镇，这还不算重要？还不算关系够吗？

职业安全须知

事情变得很有趣了。

由此，我们知道孔子认为需要冒死劝谏（还不一定是直谏）

的人相当相当少，代表性的例子是劝纣王而被挖了心的比干，他是纣王的本家叔父，官位是顶尖级的少师，论情感、论利害都已经和君王绑在一起，拼的只是早死晚死而已。

从劝谏一事来看，孔子是蛮站在臣子这一边的。

我们倒是千万不要演绎错误，而把孔子的劝人不必拼命，想成是妥协派的立场，从而助长了坏蛋君王的淫威。孔子的本意很清楚是基于职业安全的着眼，若眼看大势不行，能逃则逃，能去则去，要不至少不要开口，当个明哲保身的表面傻瓜，万一有敌人攻进来，转个身去投靠也不一定就是罪过，就像身份立场和比干不相上下的箕子和微子启一样，周武王来，箕子去献了洪范九畴，微子启封到宋国去当开国君王，殷的遗民随管叔、蔡叔和殷王子武庚作乱他们也不参加，历史上不仅没一个人说他们的坏话，还当他们是圣人。

不要命的“贤人”

关龙逢死于夏，比干死于商，而伍子胥死于吴，这样的扑火行为虽然于礼不合，于当时无益，于本身大损，却可能在较长的时间里显现出意想不到的意义和力量出来。

故　事

师经弹琴，魏文侯起舞赋诗，说到“希望我说的话不会有人反对违背”这一句时，师经当场拿起琴打向魏文侯，没打中，却把魏文侯的帽穗子打断了。

魏文侯问左右侍臣：“做臣子的这样攻击国君该当何罪？”

左右侍臣都说：“该烹杀。”

师经请求说完话再死，文侯答应了。

师经说：“以前尧舜为天子时，惟恐说的话没人违背；桀纣当天子时，则惟恐说的话有人违背，按照这个情形，我刚刚打的是桀纣，并不是国君。”

文侯听到这里，马上下令：“师经没有罪，错的人是我，把这张琴拿去挂到城门上以为凭证，不要修补这顶帽子，好作为我的殷诫。”

魏文侯其实是个了不起的君王，以孔子的门生子夏为老师，敬重田子方、段干木两个贤人，又得李克、西门豹、乐羊等为辅佐，成为战国时代第一任霸主，却因不小心说错了一句话，险险被小小的宫中乐师师经给当成桀纣宰了。

上则故事说的是“不谏”，这一则我们来说“强谏”——非谏不可而且凶猛无比的劝谏。

此身不足虑

以这么暴烈的肢体语言来谏君是有些神化，即使是今天，国家元首偶尔失言，也不应该有打破脑袋的报应。

但如果我们把“动作”这一部分存疑，纯粹就“语言”来说，把国君比成“桀纣”（从中国历史和知识分子的意识形态来说，这两个字并不比今天白话文的“王八蛋”来得柔和高雅）来修理，却早已是中国历史上惯用的公式，甚至语言暴力更升高的劝谏也不稀罕，问题是：什么原因让这些人敢在君王面前如此放肆？

这当然不怎么合礼法的，但历史的证实是：宁可违背礼法——而且代价可能是送命——而采用激烈坦白到一翻两瞪眼的语言或手段，甚至三谏不听还来四次五次，赖着不肯走的依然大有人在。

其中的缘由，当然牵涉到每一个个案当时的实际状况，以及每一个劝谏者不同的想法和选择，不是简单可以说清楚的，但我以为，我们还是可能稍稍想象一下各种可能的情形：可能是担心君王的智商有限，光是比喻暗示听不懂，只好说得坦白激烈一些；可能是不太甘心余力未尽就宣告放弃，心想也许再说一次、再多一点重话恫吓他，他就听了；也可能是眼看大难临头，冀其万一的愿意押下生死的代价，来赌一赌免于国破家亡、生灵涂炭；也可能是对家国的情感比较丰沛，想来一个人只身幸免于难也没多大意思等等。所以关龙逢死于夏，比干死于商，而伍子胥死于吴。

这样的行为虽然于礼不合，于当时无益，于本身大损，但动机和用心不能说不高贵，而且“三谏而去”这一类的礼法，说穿了，也不过是为劝谏者着想的“职业安全须知”罢了，当事人自己都不在乎，别人又能如何，后代读史的人总不能每一个都像孔子那么“不近人情”，称赞人家一声贤人也不会就怎么样吧！

时间就是力量

但这类的扑火行为，却可能在较长的时间里显现出意想不到的意义和力量出来。

从第一层来看，支持这个力量的当然是“历史的教训”本身。

我们曾经提过，中国是个非常重视历史的民族，而且是以相当功能性的重视方式，这个特质在劝谏君王一事上表现得尤其淋漓尽致。历史的教训既简单又明白：“接受忠告则长命百岁，不听劝谏则身死国亡。”这类的历史故事早早就收集了一堆，甚至“操作性”地假装不知道一些反面的例证，加油添醋一些正面的实例，再一代代理直气壮地拿来给君王做是非题测验：要么听话大家和和乐乐，要么早死晚死大家一起死。这样又累积又操作的一代代下来，可靠性似乎也就愈来愈高，这就是力量。

然而，历史当然不会这么尽如人意，这种被高度渲染的强大因果，总在现实里随时有出边出沿的危险，于是第二层次的防线就出现了，即是“历史的名声”。

历史的名声是什么？简单说，就是虽然可以承认报应不一定不爽，但是必须想办法造成一种必然的、从开头就注定的结果，来消除未来的不确定性。这种办法说来也简单，即：你不听话就是桀纣，快活一下的代价，是千秋万世之后人人提起你来就咬牙切齿；而我虽然不幸被杀了，却简简单单就跻身关龙逢、比干、伍子胥等伟大人物的行列里，胜负不必等到将来，当下就已全部揭晓。

这种“必胜”的代价可能是一条命，表面上看起来很阿Q，我们今天来看当然很有理由怀疑这样的胜负计算方式，但对于有“重荣辱轻生死”倾向的中国知识分子而言，历来追随的意愿却相当高。

举一个极其通俗，不断被套用在各组不同君臣之间的例子来增加一点实感：曾有君王拒谏并下令谏者跳水自尽，做臣子的偏偏走到水边又回来了，责问不投水的原因，做臣子的如此答话：刚刚本来就要跳下去，却见到屈原在水中问我：“我当时是不幸遇到无道昏君才不得已跳的水，难不成你也是遇上无道昏君吗？”

因此，尽管在中国的历史上每隔一段时间就会制造出几个劝谏而死的臣子，但在这样的意义之下，杀鸡儆猴的效果依旧不怎么强，反倒为这支传统增加了一个一个生力军，每一代劝谏而死的人仿佛都用鲜血在上头书写，加强这个从历史教训到历史名声的信用。

所以说，时间就是力量。

秦汉以后，虽然中国王权相对缓缓升高，原先可进可退的劝谏要求也因官僚制度的渐趋制度化和政权的统一而慢慢不好用了，但这支新的、方式更剽悍的力量却成功地与原来的传统联结起来，甚至取而代之，使中国的谏官依然能在空间日小的现实情境下，有能力和王权继续抗衡下去。

当皇帝也得委曲求全

在中国历史上不免要产生谏官这样的“民主橱窗”，当君王的即使满心不情愿，但如有一点小聪明，也知道留个有风骨的诤臣在身边。

故 事

有人没头没脑地劝赵简子说：“您为什么有过失而不改呢？”

赵简子回答：“是是，我一定改过。”

左右侍臣觉得很奇怪：“您到底犯了什么错？没说清楚怎么改呢？”

赵简子说：“我答应改过并不是因为我犯了什么错，而是想得到肯劝谏我的人，如果我现在回绝了这个人，可能就被认为我是不能容许别人劝谏的人，这样，往后真心想劝我的人或许就裹足不前了，到时候我可真的犯了错也不知道要改了。”

赵简子这则故事让人想到唐太宗李世民。

史书中写李世民是有人劝谏错了也不敢责怪，怕断了劝谏的后路，而且相传李世民相貌英武，不怒自威，臣子面见时容易紧张失措，有十分话也只能说个二三分，李世民觉得很困扰，因此没事也得摆个笑脸来鼓励人家开骂。

当皇帝的要委曲求全到这种地步，说来也满令人惊讶。

考核君王的标准

求谏原是一种手段，为的是发现问题和错误，投资的收益来自防止或改正错误所生出的利益，但在中国的传统之下，原先的手段却有一部分直接成了目的本身，成了收益的一部分，用现代的语言来说，即求谏一事也异化了。

就像赵简子这则故事，完全没有也无意告诉我们，赵简子有没有因此骗到很多宝贵的诤言，有没有因为这些诤言避免犯错而让赵国更强大富庶，它只单纯告诉我们，赵简子是如此孜孜求谏的君王，因此，他就是一个好的君王。（当然，严格来说赵简子只是个准君王，他儿子赵襄子才成为第一代的赵国君王。）

也就是说，求谏和拒谏已简单成为考核君王好坏的标准之一了。

因此不管是真实还是附会，中国历史上一流的君王总要伴随着一流的谏臣，甚至还要设一些求谏的方法和道具：相传舜立告善之旌，禹设敢谏之鼓，历代也有样学样地都有类似的措施，并说舜有皋陶等诤臣相佐，禹则是听到诤谏的话就拜谢，而唐太宗二十三年的治世，整部《贞观政要》几乎就是一部诤谏的史录。

春秋时的楚庄王是个了不起的君王，在晋楚长年的争霸中，楚庄王败晋于邲地，不仅首开正式击败晋人的记录，成为晋楚力量消长的分水岭，也是代表后开发的长江流域堂皇跻身华夏文明的开始（往后起义灭秦，便由楚人首开其端，而成事的项羽、刘邦皆是楚人），但史书上赞美庄王的原因，与其说是胜晋成霸的功业，不如说是庄王居安功成而不忘求谏反省的气度。

民主橱窗

当这种标准不止为后代治史的人所采用，就连当时的老百姓也相信如此可以判断君王好坏时，我们就能理解，为什么赵简子、唐太宗等对劝谏不对的手下也如此宽容，因为求谏进一步标签化了、意识形态化了，有一点“不管你做得对不对，只问你到底有没有”的蛮横意味，比起治史可分辨事理的知识分子，市井百姓可能没办法也才懒得细腻地去分辨其中的是非对错，这么说来，抗拒谏言，不止是千秋万世的褒贬问题，当下即有风险存在。

这当然相当不讲理，也有点荒谬，但也十分有趣而耐人寻味。

因此，在中国历史上便不免产生了这样的“民主橱窗”，当君王的即使满心不情愿，但如有一点小聪明，也知道留个有风骨的诤臣在身边。

最清楚的例子，莫过于汉武帝和汲黯的关系，读史的人都知道，汉武帝是个雄才伟略却也霸气残酷的君王，不是真有诚意能折节求谏，而偏偏汲黯不知道是不是没念过《礼记》，完全是直来直往的不理会有讽谏暗示这回事，然而终汲黯一生，虽然仕途并不能显贵如魏徵，汉武帝却拿他一点办法也没有，甚至不整肃仪容不敢见汲黯，偶尔抱着后妃饮酒作乐，听说汲先生要来都得立刻下令清场。

汉武帝这样忍气吞声地弄个“汲黯橱窗”，虽然还是没骗过后世，博个好名声，但却成就了汲黯千古不易的诤诤之名，为历代的读书人所景仰学习，也使武帝少干了许多劳民伤财、恣意而为的坏事，让当时的天下百姓得到许多好处。

因此，就算历代容纳谏臣的君王诚意不一，动机复杂难以辨识，无论如何，只要有做，便可能都是好事。

以讦为直，以直取媚

当君王的有这样身段上的缺口，在长达数千年，数以亿计的人臣之中，当然不可能笨到没有人察觉出来，因此，在身为人臣这一面便可能出现两种情形：一是“以讦为直”，一是“以直取媚”。

所谓的“以讦为直”，便是充分地利用意识形态化的标准，其间微妙的是非不易分辨，在上的君王多有顾忌，便能任意攻讦，让君王如哑巴吃黄连，来博取正直、风骨的名声，如西汉的灌夫和一干酷吏，便多少有这个倾向。

但由于“暴力边缘”并非那么容易掌握，记恨在心的君王早晚想得出办法、逮得到时机来好好修理你一顿，因此这样的人除非早死，否则大多没什么好下场，这种攻讦式的谏言对老百姓们正负效益很难讲，视情况而定。

所谓的“以直取媚”，便是谄媚而机敏的人知道自己君王喜好谏言（或假装喜好），找适当的时机来一下子以换取恩宠，这样的例子，以西汉的公孙弘、唐的封德彝、斐矩等人最接近。

公孙弘是汲黯最看不起的人，但因善于此道，虽然六十岁才由平民开始当官，却能在不到十五年之内当到宰相，并安然终老；至于封斐二人，都是隋末炀帝跟前有名的软骨头，但到了太宗贞观之世却忽然脱胎换骨一般，也跟着魏徵、王珪谏起来了，这样的在隋为谄，在唐为谏，其实是如蜥蜴随环境改变保护色。

这当然有点上下交相贼心照不宣的意味，但以当时老百姓的利益而言，却也不是坏事。至于好处多寡和君王的好坏高下有直接关联。以公孙弘而言，由于面对汉武帝并不是玩真的，因此，只在十句谄言中偶尔夹句直言，价值当然有限；至于唐太宗则是真心求谏，又有魏徵诸人时时直言无回，在这样高标准又充满竞争的情形下，要想占有一些市场，就非得提高品质认真直言不可，这便有弄假成真的可能，当然是好事。

宗教化了

最后，异化的极致便是“宗教化”了。

在中国，求谏和拒谏干脆就成为吉祥和不祥的象征，前者可以驱除凶灾，后者则成了危亡的凶兆。历代的史书里充满这样的记载，在国家发生天灾人祸之后，最常见的便是天子下诏罪己，救赎的方式除了大赦或免田租之外，便是要求百官和天下万民上谏规过，代代相沿，成了公式，也成了仪式。

求谏一事，至此大约已是极致了。

王者贵天

由于解释的随遇而安，以及缺乏系统性的神谕功能，中国的“天”的神圣性无法凝固，号称由此授命的王权便不可避免地早早松动了，甚至进一步相对化了。

故　事

齐桓公问管仲：“君王必须敬重的是什么？”

管仲说：“天。”

桓公抬头看向天空，管仲说：“这个‘天’并不是指头顶上的天空，君王必须敬重的‘天’指的是老百姓，百姓肯同意他，国家自然安定，百姓肯帮助他，国家自然强盛；如果百姓认为他不好，国家就很危险，如果百姓背弃他，国家就会灭亡。”

乍看这则故事，会觉得管仲很无聊，直接回答要敬重百姓不就结了，干嘛先打个哑谜再绕回来。

然而以“天”来替代“百姓”，倒不是管仲的个人行为，比方说，《尚书》里有：“天听到的就是百姓所听到的，天看到的就是百姓所看到的。”管仲把“王者贵天”和“天＝百姓”这两者串联起来，我猜可能是希望能增加一些宗教性的、超自然的力量来劝桓公得敬重老百姓。

王者受命于天

中国古来称帝王为天子，并说王者受命于天，好像很容易和西方历史上所谓的“君权神授”想成同一个东西，但这当然是有很大差异的。

以下我们先简单地来看一下“君权神授”的内容。

在西方，自从耶稣的马槽击败罗马人的帝国之后，基督教便是政治、文化、社会所有领域的核心。而基督教是个一神的、体系极其严谨的宗教，它的神是人格神——耶和华除了是正义、智慧、全能、至善的化身之外，更拥有非常清楚的意志，几乎是具备了“形象”的真实存在，他所下达的教谕和启示，在《旧约》的阶段，往往号称是耶和华亲自站到人的面前，以“十诫”式明白的、黑白二分的语言直接下令；《新约》以后，虽然改由先知或祭司来传达，但在严谨的宗教体制之下，这些传达上帝诫命的只限于少数被拣选的宗教精英分子，既不减损原有的神圣性，也没有拓展多少解释的空间。

《圣经》上说，所有的权柄皆来自天上。这是十八世纪以前欧洲王权的合法性根源。它直接是上帝意志的遂行，是上帝在人间行使统治权力的代理人，因此理论上并不需要对人民负责，人民如果对王权有任何的怀疑或否定，都直接等于对上帝的怀疑或否定，理论上是绝对不允许的。

因此，所谓的“君权神授”，其实是充分结合了宗教的神圣和政治的威权，要向专制的王权挑战，便得连这个宗教的防卫罩也一并照顾不可。

欧洲十五世纪的宗教改革，打破了一千年来罗马教廷的唯一正统地位，各教派纷纷成立，并展开一连串互控异端的斗争，过程虽然非常残酷恐怖，解放的意义却很大，每一支宗教力量都自认是神圣的、是唯一合于上帝意志的，这便也意味着必要时每一个都可以是不神圣的、不合于上帝意志的，因此，每一支政治力量都有机会依自己的利益和需要选择适合自己的宗教护身符，每一支教派也必须进一步地“下凡”来，甚至改变主张、自我妥协来进入现实权力的合纵连横之中，以确保生存和扩展。

而随着宗教改革，《圣经》也开始被广泛地翻译成各种方言的版本，人人得以直接阅读，直接面对上帝，不必再非得通过神职人员不可；解释《圣经》的权力，不再被单一的机构所垄断，而慢慢解放到民间。这不仅使解释的空间逐步地开阔自由起来，也意味着往后在现实的权力斗争场上，上帝这枚大砝码不再必然放在特定的一边，他也依然有机会以符合人民利益的解释方式，扮演扶弱锄强的真正公义角色——虽然在实质的历史发展里，走到这种地步的例子绝无仅有，宗教总是习惯性地站在保守、威权、政治势力大的那一边。但就有效抵减宗教助纣为虐的力量来看，却是实实在在的。

这些在宗教上的缓缓松动，从政治权力进一步下放的意义来看，是巨大而必要的发展，这使得接下来政治上的解放和自由成为可能。

模糊又暧昧的存在

中国则是至少从孔子以后，宗教的意味便非常的淡薄，祭司身份的官员只是熟悉祭祀细节、负责技术性操作的工作人员而已——在祭典中称之为“相”，意思是辅助者。往后郊天祀地虽然大体上还维持着不废，然而只成了一种朝廷的必要仪式，既不藉此寻求神谕（别说天主教廷式的，就连古希腊往阿波罗神殿寻求神论的意义都没有），也不是必要的统治手段。从历代的官制来看，负责的礼官叙品不高，且很快地远离政治的权力核心所在，没多少时日就甚至被隔开到主体的官僚系统边缘，完全不同于中世纪以来的教廷势力。

总而言之，至少从中国人接受了孔子对祭祀的解释之后，宗教的性质便被抽离了——祭祀时到底有没有神、神在不在是个并不重要的问题，要紧的是祭祀的礼仪教化意义。

而最有“王者受命于天”意义的，莫过于封禅泰山这件事，司马迁认为这是古来登基的帝王——或说创业成功的首任君王——一定得办理的仪式，但事实上从秦始皇以后便几乎窒碍不行，后代有这样念头的君王如唐太宗，也无不被臣下以“劳民伤财”这种最现实的理由所抵抗批驳，而且进一步被当成作为一个好的君王根本不该有的举动。

在这种情形下，中国所讲的“天”的真实意义，便成了很模糊很暧昧的存在，有着各种不同的认定及使用方法。它可能如《尚书》说的，是“人民”的神圣代名词；也可能是“天理”——包括物理的和人文的自然规则的泛称，很有欧陆理性主义时期“自然法”的味道；也可以是民间各种信仰的总汇集地点；也可以是自然界本身云云。

由于解释的随遇而安，以及缺乏系统性的神谕功能，中国的“天”的神圣性无法凝固，号称由此受命的王权便不可避免地早早松动了，甚至进一步相对化了。说起来中国历史上从理论方面对天子的权威提出挑战的时间，开始得很早，孟子说的“君视臣如：……；臣视君如：……”的相对论非常醒目，而早在孟子之前，更实际干掉过桀纣这类据说也曾经受命于天的君王。（其实从历史长时间的意义来看，重要的往往不是实际上的行为，而是行为本身的解释。以弑君这件事而言，是被欺负的人抓狂起来往往会出现的行为，而解释所赋予的意义，如孟子的说法，当它成为历史的主流概念时，却对接下来会发生的行为产生制约作用，而对未来有较大的决定力量。）

没有神的君王专制

我个人的理解是，这个缓慢的完成过程应该要等到明代，主要是吏治的系统化，礼教的严厉化，锦衣卫、东西厂这类国家特务机构的成立，八股取士对知识分子的有效箝制，土地（《鱼鳞图册》）、户口（《黄册》）的整顿完备，交通不构成太大障碍等等因素配合起来，加上明太祖朱元璋废了宰相自己直接操作（以前的君王不这么彻底管事的），这些都是现实的政治作为，没有神秘的威吓力量，没有全知全能者的撑腰，更不是说说“王者受命于天”的空洞口号就能完成的。

无法充分依靠神圣权力的中国王权，想成为名至实归的君王专制政体，便得相当费一番手脚，只好单纯地从实际的统治伎俩着手，直到能真正有效地控制广土众民为止，这是上帝帮不上什么忙的。

成功常常是个陷阱

桓公的成就，看起来似乎大部分来自管仲，失败也似乎是因为没有了管仲，充分地体现“近朱者赤，近墨者黑”这句老话的涵义，因此，齐桓公的遭遇，遂成了后代劝谏人君尊贤去佞的完美例证。

故　事

齐桓公外出打猎，追一只鹿而进入一个不知名的山谷，遇见一位老翁，便问他：“这山谷叫什么名字？”

老翁说：“叫愚公。”

桓公又问：“为什么叫这个名字？”

老翁说：“是因为我而得名的。”

桓公觉得纳闷：“看你的样子并不笨，为什么会被人称为愚公呢？”

老翁说：“是这样子的，我养了头母牛，生了小牛，小牛大了就把它卖掉，用这个钱买了一匹马回来，有个不良少年说：‘牛怎么可能会生马，这马显然不是你的。’就将我的马牵走了，邻居笑我愚笨，所以就称我住的这个山谷为愚公。”

桓公说：“这么说你真的很笨，明明是你的马，为什么这样就让人抢走呢！”

第二天，桓公当个笑话讲给管仲听，管仲立刻整衣正容向桓公请罪："真正愚笨的人是我管夷吾，如果是尧为天子，皋陶掌理刑法，怎么会发生强夺别人马匹的事呢！就算发生了，有公允的刑法在，老翁也一定不会给的，那老翁是知道如今齐国的刑讼不公正，不得已才让别人抢走的，请让我再努力修政吧！"

选这则故事主要是因为有趣，像演义小说、甚至是武侠小说里常读到的，市井之中、水泽之畔，或是深山荒岛里常隐居着一些世外高人，闲谈笑语之间随兴出手，天大的困难也无不迎刃而解。

其实这则故事的意思也很清晰，并不需要多谈什么。

都是管仲的错

只是故事中齐桓公的反应倒不折不扣是史书里描述的那个样子。

众所皆知的，齐桓公是春秋五霸之首，在管仲的辅佐下，九次纠合各国的诸侯，维持了当时纷争不休的国际秩序，但他的结局却很要命，因为任用了竖刁、卫公子开方和易牙（没错，就是那个名垂千古的超级厨师）三个王八蛋，导致齐国大乱，桓公死了三个月无人收尸，尸体都腐烂生蛆了。

从中原霸主的高峰迅速跌到尸体长虫的谷底，如此剧烈的震荡行情在历史上并不多见，很容易令人联想到的是南朝的梁武帝萧衍，以及唐玄宗（明皇）李隆基。

长寿的皇帝不是好皇帝

但梁武帝、唐玄宗的状况，其实和齐桓公有点不同。

这两个人都曾是很聪明、有德行、本身就大有作为的好皇帝。

萧衍是梁的开国者，以勤劳节俭著称，其执政的很长一段时间，是整个南朝政局最稳定、民生最富庶的时代；李隆基则年轻时就充分显现才华，他领导平定了可能成为第二个武则天篡唐的“韦后之乱”，而他的开元之治到天宝初年，是整个大唐最繁华的时期。

依我的想法，这两人的失败直接来自他们异于常人的“成功”和“长寿”。

成功常常是个陷阱。

这并不难理解，从史书上来看，萧衍和李隆基都知道自己的成就，也相当程度地志得意满，他们相信天下已经安定不可动摇了，不需要再多做些什么（萧衍的梁其实只踞有江淮以南之地，但南朝从最早的刘裕之后，北伐进取的念头就几乎完全消失了），而肯“多做些什么”正是他们早年不同于普通君王的地方。

长寿则更是个陷阱。

活得愈久，除了上述“成功陷阱”的效应更加扩大外，萧衍和李隆基也都犯了一些老年人常有的毛病：其一是早年精力旺盛时所厉行的勤俭美德消失了，萧衍迷醉于佛教，广建佛寺并度人为僧，还曾三次亲自舍身佛门为奴，再由臣下花国库数以亿计的银子赎回；李隆基则是干脆自己花用起来，后宫的女宠也增多，仿佛又回到高宗中宗的光景。这种对宗教和安适生活的寻求，对面对死亡时日无多的老人而言，实在只是很“人性”的正常反应，但却不宜于日理万机、一举一动影响深远的君王职务。

其二，脑筋混乱、耳根子愈来愈软，是日渐老耄的萧衍和李隆基共同的问题。萧衍晚年对臣子的劝谏态度就凶悍多了，收纳北方叛将侯景一事，更是独排众议地一意孤行；李隆基则是晚年时让李林甫、杨国忠取代早年忠直的姚崇、宋憬，官僚系统大坏，并因李林甫担心汉人出任掌兵权的节度使威胁自己权位，而大量起用胡人为将。

可笑的是，萧衍正是因为侯景举兵作乱而忧死，南朝从此更形衰弱；李隆基则因“安史之乱”而出奔四川，好好一个大唐江山从此四分五裂，不管后代君臣如何用力，藩镇割据的现象始终无解。

齐桓公是变色龙

因此，从秦汉以来，活得太长的皇帝会出事，这似乎不是个巧合而已。我们读史，像贞观之治只到二十三年，唐太宗便因误服胡人的药物而死，令人不免觉得可惜，但真往下发展，虽说应该不致如萧衍、李隆基的大逆转，可能也不会如贞观前期那么辉煌，比方说，魏徵就指出贞观中期以后，太宗殷殷求治之心不如从前，而晚年太子承乾和魏王泰的争立也一度令太宗心力交瘁，严重到都要灰心自杀了。

这个名单还可以补上一个让清朝由盛而衰的长寿皇帝乾隆，唯一的例外，可能只有清朝的康熙帝而已。

桓公的状况则有点不一样。

史书上说，桓公本人实在不怎么聪明能干，德行也很可疑，早年要不是管仲、鲍叔等一干良臣拉着，可能老早出事了。然而从尚未当霸主到最后当腐尸，始终不改他的奢华和淫乱，相传桓公自家的姊妹和侄女们都长期留在宫中不出嫁，很有乱伦的嫌疑（乱伦似乎一直是齐国的传统）。

桓公的成就，看起来似乎大部分来自管仲，失败也似乎是因为没有了管仲，充分地体现了“近朱者赤，近墨者黑”这句老话的涵意，因此，齐桓公的遭遇，遂成了后代劝谏人君尊贤去佞的完美例证。

因此，对齐桓公而言，所谓的“修身、齐家、治国、平天下”这一套简易的儒家公式，是派不上用场的，这直接导致了在历代儒者的口中，除了孔子之外，大都能不提齐桓公就不提，非得提到也要结实地修理一番。

但这个“修齐治平”的公式，我的看法是，这只是儒家一种带着期盼的断语，是儒家一种意志的体现，而并不能准确地解释历史，历史远比这个公式要复杂、自由而且“堕落”多了，有时候你满身德行却不能干什么，有时候你只做对一件事，却能青云直上。我们可以这么说，齐桓公一生做得最漂亮的一件事，就是豁达地任用了他的仇人管仲，将其从牢狱中的死刑犯直接拉上国相的位置，尊为仲父，言听计从，光凭这个，就足够让他带着满身的缺点而留下不世的功业了。

性格决定命运

鲍叔的太过正直廉洁，已到了洁癖的地步，绝不愿因任何天大的理由——比方说国家的利益安全——而有所妥协或委屈。

故　事

齐桓公对鲍叔说："我的德行功业实在是不输尧舜，所以我想铸造一口大钟，用来彰显我的名声，你看如何？"

鲍叔问桓公自认为德行功业如何，桓公回答："想当年我围攻谭国三年，征服后并不把土地纳为己有，这是仁；北伐孤竹、铲平令支，这是武；召集天下诸侯盟会于葵丘，平息了争战，这是文；天下诸侯抱着美玉来朝贡的多达九国，我一概没接受，这是义；这么说来，文武仁义四种美德，我全都有，所以我说我不比尧舜差，不是吗？"

鲍叔说："既然您如此直言，我也就坦白说吧。当年争夺君位，公子纠位次在您之上而您不将君位相让，这是不仁；违背建国之初太公的誓言而派兵侵略周公之后的鲁国，这是不义；在和鲁君的盟会上被曹沫单身一人所劫持，这是不武；后宫淫乱不检，这是不文。我听说，干尽坏事而不知自我反省的人，没有天灾，必有人祸，所以我奉劝您快点收回这些话，老天爷都快听见了。”

鲍叔是推荐管仲给齐桓公的人，相传个性耿直刚烈无比，容不得一点点不正义，桓公吹牛吹到鲍叔面前，那是活该踢到铁板。

鲍叔是真正从头到尾辅佐桓公的人，又活得比管仲长，但却始终不如管仲那么受重用，倒不是桓公受不了鲍叔的正直不阿，而是被管仲阻止。

这两个好朋友之间到底出了什么事？

春秋霸主的喜乐

在这之前，我们先简单来看一下故事中提到的“葵丘之会”。

相传齐桓公一生召集过九次重要的盟会，六次是带兵的，称为“兵车之会”；三次是不带兵，称之为“乘车之会”。

其中比较重要的我以为有三次，第一次在柯，对象是鲁国，这原来是鲁国战败后双方和解而召开，会中发生的大事，是鲁将曹沫手执一把剑劫持齐桓公，要求归还被齐国占领的土地，立约之后齐桓公想悔约，被管仲劝阻，却因此意外地得到诚信之名。（因为理论上被胁迫所签下的合约是可以不必履行，如《公羊传》说“盟可犯”。）一时天下诸侯归心，不召而至，齐桓公的霸业遂从此展开，而曹沫也意外成了春秋战国五大刺客的领头者。

第二次是在召陵，这是桓公召集中原诸国南伐楚国后的盟会，当时楚国普遍被视为夷狄，而这个盟会成功地抑制了楚国势力的北伸，除霸权的争夺之外，尚有种族和文化上的意义。

第三次则是葵丘，这已是桓公晚年的事了，这个盟会上提出了很重要的宣言：要求各国诸侯不可私自截断河流来独享水利；

不可贮存太多粮食以为战备；不可让庶子侵占嫡子的继承权；不可把侍妾扶为正室；不可让妇人干预国政。

由宣言的内容，可以看出周天子的伦常还发生着相当的效力，会中并由周天子派代表赐桓公祭肉，并享有对其他诸侯先伐后奏的专征权力，这是齐桓公的功业到达巅峰的时刻。

但相传桓公在这次盟会时，流露出洋洋得意的骄色，马上有九国的诸侯叛乱，和柯盟成为强烈的对比。

人世间并没有这么甜蜜

得意骄矜而坏了大事，这很符合齐桓公的性格，但以诚信而天下归心、骄矜而叛者九国，我们今天读起来就有些不服气了，多少总认为是记史者"意志"贯彻的结果。

我个人的看法比较保守，我猜想或许是可能的。

我的想法是，并不是德性本身具备什么一成不变的感染力量，就像传统线装书里数不清的那些说法，诸如正义终必得胜、仁者无敌等等，历史告诉我们，人世间并没有这么甜蜜，我相信的是，之所以每个时代都有不同的意识形态，有效地制约人的行为和判断，不过因为那会儿恰巧计较这些罢了。

就以春秋这段历史为例，在《左传》里常有一些神奇的预言故事，某个有才识的人物，每每因某个国君、某个执政者在重要的仪式中一次失常或失礼的举动，准确地预言了接下去可能发生的灾难（如亡国、政变下台或暴死），这些违反今天我们常识的记载，除了简单以史书夸大不实来解释之外，我们是否也可能这么来想：与其说是行为本身和亡国、下台或暴死之间有什么必然的因果关系，不如说是当时的现实情境和制约力量，建立了两者间微妙的关联，而使结果的发生成为可能。

历史毕竟不是自然科学的实验室，只要控制得宜，什么原因一千一万次也可以产生同样的结果，历史的因果关系往往更复杂多变，同样的前因在不同的时空条件下，可能发生截然不同的后果。

道德与政治的分合

让我们回头来看管仲和鲍叔。

相传管仲将死之前，桓公曾问过几个继任的内阁人选，鲍叔当然是呼声甚高的一位，但管仲认为不妥，理由是鲍叔“善善恶恶”。喜爱善和讨厌恶太绝对了，看过人做了一件恶事会终生不忘，这不是适任日理万机、必须不断在复杂多变的善恶之际抉择判断的国相之才，而且鲍叔的太过正直廉洁，已到了洁癖的地步，绝不愿因任何天大的理由——比方说国家的利益安全——而有所妥协或委屈。

管仲推荐的人是显朋，显朋是个灵活有弹性的人，能充分的欣赏善而容忍不伤大雅的恶，然而接下来是管仲神奇无比的预言了（这可是纯粹的预言，和我们前面的假说不同）：显朋也不会活多久。所以相传管仲死时，对齐国的未来相当悲观，果然显朋随即也去逝了，桓公用了易牙、竖刁和卫公子开方，遂不得善终。

当然管仲不是恩将仇报，存心和一再帮助他的好友作对，只是道德和政治尽管可以有重叠，但永远是两个不同的领域。

管仲有什么了不起

管仲的功绩直接关系着一段极其漫长而艰辛的文化大融合，想来孔子所说的“要是没有管仲，我现在大概也成了个奇装异服的野蛮人了。”就是意识到这个成就。

故事

子路问孔子：“管仲是怎么样的人？”

孔子说：“是了不起的人。”

子路说：“仲曾想说服齐襄公施政而没被接受，是辩才不够；襄公死后，辅佐公子纠却无法得到齐君之位，是能力不足；只身逃出齐国，连累家族而不悲伤，是没有慈孝之心；在鲁国沦为狱中囚而不觉惭愧，是没有羞耻之心；回到齐国出仕当年的仇敌齐桓公，是不忠之人；召忽为公子纠守节自杀，管仲不死，是不仁之人。毛病这么多，老师为什么还称赞他了不起？”

孔子说：“管仲说服不了襄公，那是襄公没眼光；辅佐公子纠不成，那是时运不济；家族残破而不悲伤，那是豁达知命；身为囚徒而不觉惭愧，那是自省之后的坦坦荡荡；出仕昔日的仇敌，那是知道权衡事情的轻重缓急；召忽殉死而管仲不从，那是因为召忽的才干平平，不死也只是个战败的囚虏，殉死反而能成为名扬天下的守节之臣，管仲是才堪治理天下的人物，怎么能为了守小节而置天下万民于不顾？”

《论语》里也有类似的师生对话，于《宪问》篇，分别由子路和子贡质问，不同的是，《说苑》里对管仲的赞语是“大人”，而《论语》里则几乎推崇管仲是“仁者”。

对管仲的评语，是儒家出现内讧的公案之一。

孔子和孟子干起来了

《说苑》成于汉代，时间较迟，从“仁者”到“大人”的评语，可能是口传笔记的差异，原不值得细究，但若硬要牵强附会，考虑儒家本身的转变，也是可以理解的。

从《论语》来看，孔子虽批评过管仲小器、不知礼等，但并不妨碍孔子对管仲“九合诸侯，一匡天下”功业的推崇备至。尤其“仁者”这个词，一直是孔子心中“至善”的代词，向来不轻易许人，人格高尚如子文、史鱼等都只得到“至于是不是仁者，那还不知道”的评语。这最高评价却几乎落到这个奢侈、不护细行、前半生充满争议的管仲身上。

到了孟子口中，可就完全不一样了。孟子说：“孔子的门徒是不屑于谈论齐桓公、晋文公这类霸者的。”并举曾参的孙子曾西作例子：相传曾西自认不敢和子路相比，但当被询问比起管仲如何时，曾西却立刻翻脸，觉得自己被侮辱了。孔子心中那些无可替代的大功业，也当场跌停为“卑小”。

这个宛如发神经病的股市一样，评语从长红立刻变成长黑，究竟发生了什么事情？当然，早已死去的管仲并没有又做出什么瞒着孔子而非常对不起孟子的事，有的，只有儒家自己的变异，经过这样的变异后，刘向就算真的是有意把赞美缩水为“大人”，说起来已经够手下留情的了。

管仲的震荡行情

这个“闯祸”的管仲，究竟是何许人也？

从信史到各式各样的传说轶闻，管仲的生平和言论主张相当不少，但真伪并不容易分辨。其中把他塑造得最了不起的，不用说是《管子》这本书。书中对于这则对话的几点质疑，都有极其柔婉和充分的解释，甚至关于孔子批评的那些奢侈失礼的事也一并翻案了（当然不免太完美、太先见之明了），“拥管派”和不太在意历史真伪、只想找到了不起的典型来见贤思齐的人可以去找来读读。

比较不可怀疑的是管仲辅佐齐桓公“九合诸侯，一匡天下”的功业，我们说过，桓公是一个“变色龙”般的人物，前半辈子用管仲可以成为五霸之首；管仲死后，用竖刁、易牙和卫公子开方而齐国大乱，死后七月不殓，九月不丧，尸体放得都腐烂生虫了。因此把这个功绩的大部分归给管仲应该是很公平的。

麻烦的是，这个功业的大小似乎不太稳定，会随着每一代价值观和历史解释的不同而产生变化。

我个人的想法是，“攘夷”这件事应该是当时相当艰辛而重要的功业。只是白纸黑字的史料太简单了，很容易被读史的人一眼带过。我们可以来试验一下：

东救徐州，分吴且，存晋蔡陵，割越地，南据宋郑，征伐楚。济汝水，踰方地，望文山，使贡丝于周室，成周反胙于隆狱，荆州诸侯，莫不来服。中救晋公，禽狄王，败胡貉，破屠何而骑寇始服。北伐山戎，制冷支，斩孤竹，而九夷始听，海滨诸侯莫不来服。西征，攘白狄之地，遂至于西河。方舟投柎，乘桴济河，至于石沉。县车束马，踰太行与卑耳之貉，拘秦夏，西服流沙西虞而秦戎始从。

好了，不算标点符号，才一共一百四十二字，而这已经是最罗嗦最夸张的一段描述了，但还是好像一两个工作日就可完成不是吗？

仔细来想，当时夷狄对华夏文明的压力可能并不弱于汉匈奴、唐突厥，甚至宋的辽金元。我们都知道，至少从周穆王时就开始西征了，以拒夷狄而得到中兴雄主称号的宣王甚至北伐一直不成功，昭王则南征时失踪了没回来，到了幽王时更干脆连国都被西方的犬戎攻破，幽王被杀，平王躲到东方，西周因此结束，而周天子也从此一蹶不振。

而且，和汉、唐、宋的所谓“外患”真正最大的不同是，当时这些被我们当成虎视眈眈的“夷狄”，不止在“外”，同时也在“内”。意思是当时的华北平原，基本上是个华夷杂处的局面，真要冲突斗争起来也不必等到秋天马肥谷熟的时候，而是随时随地可大干一场。后来所以夷狄的压力变成单纯的外患，其实是经历了长期斗争加融合的结果——或是只有原来就属于四方边境的外族得以保持生存，原在华北平原的只有“淹没”入汉族；或是无法抵抗华夏的力量，不得不退到遥远阻隔的四面八荒。

齐桓公阻挡了北面的猃狁（即后来的匈奴），隔断了长江流域野心勃勃的荆蛮（楚国），让变动中的华夏文明有足够的时间缓缓消化内地的夷人，并逼使楚国从容地发展，而得以纳入中原的文化体系。

管仲的功绩直接关系着这段极其漫长而艰辛的文化大融合，想来孔子所说的：“要是没有管仲，我现在大概也成了个奇装异服的野蛮人了。”就是意识到这个成就，因此孔子说管仲接近于一个仁者。

这些，孟子难不成也是一眼看过吗？

理性的孔子和浪漫的孟子

当然，孟子是说错话了，儒家不仅谈齐桓公和管仲，领头力排众议的还是开山祖师的孔子。这或许能解释为，到了孟子的时代，或许他觉得现实所最欠缺的、能真正解决问题的、值得提倡和鼓吹的东西已和孔子之时有相当的差异了，但我还是觉得孔孟两人本身就有相当的不同。

在我个人阅读的经验中，我常觉得后代隐隐约约把孔孟分别主张的“仁”“义”的意义颠倒过来了。我们常常赋予“仁”较多慈悲的意味和道德色彩，而“义”则是较理性、较就事论事的“合宜”之义，这可能是个误会（我想，也许因为孔子语气较温和，有长者之风；而孟子好辩论，语气直接严厉，甚至到“理不直气也壮”的地步）。

我的看法是，孔子是较现实理性的，孟子则有较浓厚的浪漫和理想主义色彩。固然两人都汲汲遑遑游走各国寻求愿意投资的君王，也同样把理想托于所谓的“三代之治”，但切入点的选择、达成理想的步骤，以及对未来的可能预期都有明显的不同。

从两人对各个君王和学生的问题回答里，其实就满清楚的。

孔子很留意现实世界丰富的、歧义的、多层次的特质，即使是完全相同的问题，也会随着问者不同的国情、身份、性格、能力和优缺点，给予不同的回答，而且内容常是阶段性、尝试性的，很少有终极性的答案出现，因此他的学生多少都抱怨过孔子留了一手，或是困惑于前后答复的自相矛盾，这其实是孔子极现实的一面。

孟子则直接标高理想，拒斥太多的现实考虑和手段，也不愿太在意现实层面的复杂暧昧而损伤理念的纯粹性和力量，因此从南到北，甚至面对不同的问题，孟子总要“导入正题”，再斩钉截铁地下“行仁义就能王天下”这一组不折不扣的结论，管你是齐王还是梁王，管你眼前焦心的是饥荒还是打败仗。

这说明了孔子对成就高低不一的五霸、子产、季文子等人多有关怀和肯定，认为虽有局限和瑕疵，但却也有一定程度的意义和成就；孟子则多少倾向于“不及格”和“一百分”这两种截然的分类，不到理想就没有意义（甚至“污染”了或迟滞模糊了理想本身，有比没有更糟），管仲的霸业不及孟子心目中尧舜禹汤的一百分，显然就不值一提了。

由于对现实的认知不同，两人对成就理想的时间、步骤与预期也大有差异：孔子的态度较谨慎，想法常显得缓慢而复杂，认为即使有尧舜一样的仁者圣人来做，有些事也非要十世百世才有机会接近理想，而且除了人的因素之外，尚需广泛地从体制的设计、人的训练、社会角色的恰如其分、各种领域的多识多闻等一起着手。

相对的，孟子就简易乐观多了，理想仿佛伸手可及，而且只要人格完善就足够了，透过自然会发生的“四方风动”的教化功能，完美的原子当然会自动形成完美的整体，结构的问题是不需要特别去操心的，各人之间的微小差异也是可以忽略的。

以《大学》里的“修身、齐家、治国、平天下”而言，孔子会审慎地留心每一个不同阶段的独立性和阶段之间的相互关系；孟子则直接视为一个完美的自动化流程，我们只要推动了“修身”这个第一因，生产线的另一端就会很快地自己掉出“平天下”这个毫无磨损的精美产品来。

从现实走向道德

因此，孔子特别注重经验，注重历史、注重政治和社会规范的连续性，不止把三代的淳化当境界，而且实际去留心夏商周的政治、社会和文化的变迁和损益，从而肯定对孔子自己而言是“当时”的周朝的制度（从这点看，孔子显然并不是纯粹的“退化论者”，认为愈古愈好）。又自称“述而不作”地把心力投注在“六经”里头。六经的内容十分广泛，其中《礼》包含政治的典章制度、社会的行为规范和繁复的人际关系，《春秋》是历史（孔子对《春秋》的态度最慎重，甚至有点神经质了），《书》是早期历史的政治作为和重要文献，《诗》则形式上是文学歌谣，内容却是从天子到一般人民各层面的生活呈现。

用现代的语言来说，孔子的眼光比较是“历时性”的，注重不同时空的流变和特殊性，相信现实世界的错综复杂，不轻易系统化，也不流于意识形态化。

孟子对外用力的部分很少，不怎么谈历史，三代之于孟子的意义几乎是个纯粹的理想国；也不太碰制度，井田制度的内容是什么他也只是大约知道就算了，他宁可用极其浪漫、极其文学性的语言来描述：

> 每个人有五亩大的住宅，四周环绕桑树，那么五十岁以上的人就可以穿丝帛的衣服了；好好豢养羊猪鸡狗这些家禽家畜，七十岁以上的人就有肉吃了；不要侵扰百姓，让他们能依四季的变化来耕作百亩的田地，则一家八口就不愁挨饿；然后再设立学校，教导人民孝悌的道理，则年纪大的人自然得到安适的照顾，老年人有好衣服穿有好食物吃，寻常百姓能吃饱穿暖，这样想不统一天下，我看是绝不可能的。

读原文特别能感觉这段叙述的华丽流畅，但是否事情这么简单顺利只有天知道。

用现代的语言来说，孟子的眼光是“预言性”的，推论起来如长江大河的滔滔不尽，现实只是抽象理论的简易起点。孟子最重要的建树便是道德根源的本体论部分，其中心的“性善说”更是儒家心学的基本内容。

从孔子到孟子的差异，代表着儒家从现实走向道德的开端，然而从两汉到唐宋，其实这个走向并不显明，孟子也一直未被视为孔子的嫡传者，一直到等到宋儒的出现，孟子才摇身一变为仅次于孔子的“亚圣”。

儒家的彻底道德化，我以为是在宋以后才真正被完成。

成为“孔子”的那个年轻人

对孔子而言，一个君王能拥有无与伦比的个人德性，是个理想的状况，而所谓的理想其实是一种无限美好的、非一蹴可及的境界，供我们立志和奋力逼近，并不是达不到这种境界的人都该死。

故　事

鲁哀公问孔子：“时下的国君谁最贤德？”

孔子说：“卫灵公。”

鲁哀公觉得很疑惑：“可是我听说他后宫的生活好像很复杂、很淫乱的不是吗？”

孔子说：“我看的是他的朝廷，并不是他的后宫。灵公的弟弟公子渠牟，他的智慧足以治理兵车千乘的大国，灵公非常喜爱他；又有一个贤臣名叫王林，只要国中有人才，就推荐给灵公任用，任用了也无不显达，就算偶有不显达的，王林也私下以自己的俸禄来支助他们，灵公对王林非常尊敬；又有一个贤臣名叫庆足，国家一有大事就交给他处理，都能处理得很完善，灵公非常地亲近他；还有卫国的贤人史鳝因故离开卫国时，灵公难过得三个月之内不听音乐、不举办宴会，直到史鳝回来，才高高兴兴地一切恢复正常，我是从灵公和这些贤人的关系判断他是个贤德的君王。”

孔子和卫灵公的故事，其实还有下半场。

终孔子一生，至少去过卫国三次。第一次是有人讲了孔子的坏话，卫灵公派甲士时时监视孔子，把孔子给吓跑了；第二次就是和卫灵公的夫人南子见面的那一回，由于南子是淫名在外的女人，所以弄得子路很不高兴，孔子还指天立誓才安抚了子路，后来因卫灵公带着南子招摇过市，孔子受不了再次离开；第三次则是卫灵公故意摆出冷落的脸色来，孔子遂知趣地离去了。

奇怪的是，当年发过脾气的子路，反而仕卫成了蒲地的邑宰，在灵公死后卫国的内乱中被杀，孔子很伤心，不知道是不是也夹杂着一点“我不杀仲由，仲由因我而死”的味道。

后代来看，孔子和卫的关系，也是比较“麻烦”的。

孔子专跑发展中国家

卫灵公究竟是不是如孔子说的当代第一，依史实的记载恐怕未必尽然，但孔子这么说却不是完全没有客观根据的，在孔子稍前，吴国的季札周游各国，以批评一针见血著名，也曾夸奖过卫国多君子。

那孔子为什么这么说？是真心认为还是其中另有文章？我的看法是，称灵公当代第一，是孔子带着“期盼”的断语，意思是：对亟待推销出自己、有机会一展抱负的孔子而言，卫国是比较有“希望”的。

现实的状况可能是这样子的：像齐、楚这类的一级强国，局势安稳，没什么迫在眉睫而明显的危机，会接纳孔子大幅改革的意愿较小，而像郲、黄、六这类的三流小国，又条件太差，根本没机会在短时间脱胎换骨，也可以不用试了，可能接纳孔子又有机会做出成绩的，便是卫、宋、鲁这类的二级国家，既有可能发展成强国，又长期夹在强国的势力之间挣扎求生，若逢上性格较强、企图心较大的国君，是最值得优先考虑的对象。

所以孔子除了不试白不试地沾一下齐楚之外，最认真跑的便是这种二流国家，其中除了母国鲁国外，去最多次、待最久的是卫，弟子出仕最多的也是卫。

我这么说，当然与传统儒家的观念有冲突，甚至有低估圣人能力的罪名，因为传统儒家喜欢说现实条件不重要，少康以一成之田、一旅之众复兴夏朝，商汤七十里、文王百里，结果都统一了天下。

但现实条件是不是真的不构成影响？这当然不是后代关在书斋里读仁义之书、和实务隔膜的书生所能正确判断的。这里我们以孟子为例，孟子该算是最服膺“行仁义就可以王天下”的超级乐观宝宝吧！但有一次，是滕文公吧，曾问孟子，滕是小国，处在齐楚两强之间，听这边的话就惹毛了另外一边，如何做才能脱困，甚至于富国强兵呢？真碰到这样的状况，孟子说的却不是他阳关已唱千千遍的仁义统一理论，而是无奈悲观得要死：一种是效法周早期古公亶父，避开敌人，率领老百姓迁国到另外的地方；一种是把城墙建高、把护城河挖深、把粮食存够，上至国君下至小民，大家相互勉励，死守不去，看看有没有机会把国祚延长些。

孟子尚且如此，一向比孟子冷静、注重实务层面的孔子，会忽然没大脑地天真烂漫起来吗？

当代第一的候选人

当然，卫灵公给孔子惹的麻烦，主要倒还不是他后来表现不佳，辜负了孔子对他的推崇，有伤“圣人”的识人之明，而是看起来他根本就不应该有资格成为当代第一的候选人，尤其他背后还有南子这么个狼虎女人。

我的想法是，修齐治平这种所谓“内圣外王”的理论，的确上从孔子下至明清大部分儒者都一再宣扬，但使用的方式却多少有不同。

对孔子而言，一个君王能拥有无与伦比的个人德行，是个理想的状况，而所谓的理想其实是一种无限美好的、非一蹴可及的境界，供我们立志和奋力逼近。并不是达不到这种境界的人都该死，因此淫乱如卫灵公、齐桓公，失礼（以臣子召君王）如晋文公，我们还是应该加以留意，他们甚至也有机会是个了不起的君王。

而后来的儒家——尤其是那些坐书斋的——却愈来愈把理想降到人间来使用，甚至直接当成一个好君王的必要条件，这个发展在儒家心学大盛的宋代达到高峰，比方说，像唐太宗这样的君王和魏徵这样的臣子，实在已经无法太挑剔了，但《贞观政要》一书的评注，多的是读了让人生气的地方，其中除了欧阳修、司马光两三个在实际政事方面扛过重任，知道现世艰难的人之外，一干宋代以后的儒者如胡寅、张九成之流，那种严厉但完全迂腐的论调，简直令人不忍卒读。

因此，原来敢于要求君王也要像一般人一样修身，一样重视个人德行，本来应该算好事一桩——除了多少是为人臣的“权利”外，在没有明确权力制衡规定的君王政治中，也能扮演一些防腐剂的功能，但这样的功能在标准离开现实层面时消失殆尽了，成了读书人做笔记、加眉批的笔墨游戏，对君王的现实作为反而愈来愈构不成“压力”了。

三代之后没“好人”

当然，不只理想的君王形象被如此使用，更严重的是，孔子心目中“全人”的形象也被拿到日常生活中来要求每一个人，于是三代以后，再没有一个及格的君王，更没有一个“好人”，社会风气怎么看都是不好的，人间的现实事物怎么看都是堕落的。这么严厉的道德主义，其实已一步一步接近虚无了。

后代的儒家就可以严厉到这种地步，像朱熹这样一个淳淳君子，读《宋史》时便说过苏东坡这样的人该杀掉，比我们这些还谈不上什么道德修养的人更狠。

这样的尺度，别说悠游自在的苏东坡通不过，就连孔子本身也消受不起，但当然不能说孔子也该杀掉，只能适当地加以“剪裁”。

后代若有机会重编孔子的言行选集——包括我们现在给高中生念的节本《论语》，所谓的“文化基本教材”，第一个要略去的总是孔子见南子这一段，尤其是事后被子路责问时，孔子赌了类似“愿遭五雷轰顶，化为脓血一泡而亡”的重咒以明心迹，更是只合村姑村妇而不当出自圣人之口；其次孔子在鲁国和僭礼掌权的季孙氏深厚的渊源也是一大忌讳，更不用提孔子其实干了大司寇兼鲁相的高位，还三番两次去见季康子，让学生们觉得谄媚失礼而非常不谅解；甚至宋儒还爱屋及乌地辩称，子贡经商赚大钱是在入孔门之前所犯的“错误”，而后来就改过自新，终身以仁义道德为务云云。

如此严厉紧张的心情下，也就绝对欣赏不来孔子一些较轻松幽默的行径，比方说，孔子会嘲笑子路、冉有和公西华慷慨陈词的大志气，却独独向往在一旁弹琴、听起来没什么志气的曾皙“童子五六人，冠者六七人”的春日郊游活动；又如孔子高兴子游的政绩而开起玩笑“杀鸡焉用牛刀”，被子游狠狠将了一军，孔子也只是乖乖地认输：“刚刚只是开玩笑的，不要当真。”

对我个人而言，这些经常是漏网之鱼的片段，反而都是我最喜欢的部分，当然并不是故意和孔子过不去，而是我总觉得，从一个人犹豫、选择、苦恼，甚至“犯错”的时刻，其实最能掌握他心中的复杂层面，以及他思想的发展轨迹，一个生出来就通体“完美”的孔子，甚至只能摆在类似故宫博物院的玻璃柜里，除了让我们对大自然的鬼斧神工赞叹再三以外，并不能提供我们思考和反省的空间。

不守母丧的年轻人

写到这里，我翻看《史记》里的《孔子世家》，才发现司马迁原来把孔子这些最不像圣人行径的片段都写进去了，可惜司马迁在评论春秋战国的诸子百家时，多说了老庄一些好话，遂常被认为立场有问题，是“敌人”那一边的说法，而不被太重视。

我还注意到《史记》里写孔子青春期时的一段故事很有趣，要说毁谤孔子，莫此为甚：孔子在母丧期间，阳虎来吊丧，冷不防问孔子说：“你知不知道季孙氏打算举办一场大型的宴会，要邀请全鲁国知名的人士一起参加？”

年轻还不到十七岁的孔子说：“真的吗？我也很想去。”

阳虎说：“不用了，你所以不知道，是因为名单里没有你的关系。”

这则记载的可靠性当然值得怀疑，但我的理由倒不是因为相信孔子会哀痛、心如槁木死灰地守丧，而纯粹是“技术性”的问题，比方说，《礼记》里写孔子丧母时已有弟子随从，孔门中年纪最大的学生子路小孔子九岁，如此说来，十七岁不到的老师，带一群八岁以下的小萝卜头，孔子的“万世师表”头衔，岂不是等同于儿童才艺班的名师了。

但《史记》的记载若万一是真的，事情就有意思了。我想，孔子当然不知道他长大、年老、死了之后会变“孔子”，我们想象一下那种情境：一个年轻、热心、对外面的世界有着满满心志和憧憬的十七岁少年，听说有这么一场历史性的宴会，一时忘了自己重孝在身，脱口说他想去，这不是很有意思，也很理所当然吗？

丧期为什么长达三年

孔子说："先王制定三年丧期，原是基于这样的假设，即：做子女的在此期间，必定是吃什么也没胃口，听什么也不快乐。如果你觉得心安，那就不必苦苦遵守这三年的丧期了。"

故　事

人生下三年之后才能脱离父母的怀抱，所以礼法规定，父母死后要守丧三年，为的是报答父母的恩惠。

子夏守丧三年后去见孔子，孔子让他弹琴，子夏的琴声非常悠扬。

子夏说："守丧三年是先王的礼法，我虽然早不悲伤了，却不敢提前除丧。"

孔子说："子夏真是个君子。"

闵子骞守丧三年后也去见孔子，孔子也让他弹琴，琴声却十分悲切，几乎不成调。

闵子骞说："守丧三年是先王的礼法，我虽然还是很悲伤，却不敢不如期除丧。"

孔子说："闵子骞真是个君子。"

子贡问："闵子骞哀痛超过三年，老师称赞他是君子；子夏则是悲伤不到三年，老师也称赞他是君子，这到底是怎么回事？”

孔子说：“闵子骞哀伤未尽，却能遵照礼法自我节制，所以称他为君子；子夏虽然不哀伤了，却能遵守礼法来自我勉励，所以也称他为君子。守丧规定三年时间，本来就是要让过于哀痛的孝子知道节制，让思慕之心不足的人有一个标准可以自我勉励。”

为什么要守丧三年呢？故事中的说法是古来几乎一成不变的理由；那为什么不是两年又三百六十四天或三年零一天呢？因为三年是一个假设的“中点”。

由故事中孔子的态度和回答来看，孔子相当清楚地察觉到，再良善合理的礼法也只是人情的冻结形式，而个别的人情却是参差复杂的，因此礼法的规定必然是简单的、不具体的，这两者之间免不了会出现紧张的关系，能理解这个差异，在处理紧张关系时，对于什么时候应该舍人情而就规定，什么时候可以或必须违反破坏规定，才有机会准确的作抉择。

很早就有人受不了了

三年之丧其实不到三年，真正的期限有两种说法，分别是二十五个月或二十七个月。

但不管是二十五个月或二十七个月，也还是相当漫长，而且依规定得在父母坟前盖间草屋，身披孝服，不能吃肉喝酒，不能唱歌听音乐，甚至笑都不可以，说起来的确有点可怕。

依照史籍的记载，最早正式提出三年丧期实在太长的，是孔门的问题学生宰我。

《论语》里有这么一段：宰我认为经过三年的自我禁闭，礼也不行了，乐也崩坏了，建议最多一年就很可以了。孔子问他，父母过世后三年之内，吃好的穿好的真能觉得心安吗？当宰我理直气壮地回答没问题之后，孔子说："先王制定三年丧期，原是基于这样的假设，即：做子女的在此期间，必定是吃什么也没胃口，听什么也不快乐。如果你觉得心安，那就不必苦苦遵行这三年的丧期了。"

这是梁漱溟很爱引用的一段对话，以此说明孔子重视的是礼法背后细致的人情基础，而不是刻板地要求遵守教条。但这里我们可以简单地再来想想。

首先，丧期为什么长达三年？据说这是"先王"制定的，而孔子认可的理由主要是：

一、人生三年后才能脱离父母的怀抱。

二、一般人丧父丧母的哀痛"通常"会持续三年或三年以上。（当然孔子也肯定有人达不到。）

因此，丧期定为三年，既可兼顾人情，又可令人有所节制，不要因为父母之死而哀伤过度，妨害生者。

第一个理由暂可摆下，问题在于持续三年以上的哀痛真的是人情之常吗？如果真的大部分人都是如此，那我们可能不得不赞美这三年丧期真是既人道又考虑周详的做法——既可还报父母恩情，又能不让死者妨害生者。

不必什么精密的调查统计，我都敢断定，依现代社会的状况来看，这当然是无稽的。那是孔子"误解"了人情？还是古人今人真有这么大的差别呢？

二比二打成平手

我们当然没办法要求古人来一次公民投票或大型调查，但如果我们把时间就推回孔子当时，光拿孔先生的门人来看，很明显的，反对票至少有两张：好学生子夏和坏学生宰我；赞成的也至少有两票：闵子骞和子路。

《论语》里另一则故事说，子路为姊姊服丧，丧期结束了还不肯除下，原因是子路不忍（哀伤未尽），结果被孔子骂了一顿，说："你以为谁忍心除下，告诉你，路上你随便看到的那些人谁也不忍心除下。"——当然，我们判断子路会投赞成票是从他对姊姊的情感"类推"到对父母的情感，另一个佐证是，从很多史料的记载，我们知道子路是有名的孝子。

这有案可查的二比二打成平手又无法延长比赛的麻烦结果，说明了什么呢？

一种角度可以证明孔子"丧期短于哀痛期"的一般假设很有问题。至少从孔子那时起，经他亲炙的门生尚无法过半数，其他那些走在路上的寻常人等我们当然有理由更悲观——可见孔子的认定有其"应然"的成分在里头。

另一种角度是，这平手的结果可能让现代人很惊讶——最起码身为现代人的我自己就结结实实吓了一跳，原来在某个时期里居然会有人哀痛超过三年，而且比例高达百分之五十，而且如果孔子感慨春秋已是"浇薄"之世是真的，是不是在更早或不那么浇薄的时代，这个比例还有机会更高一些也说不准。

读史不是下午茶

综合这两个不同角度的想法，我们应该可以这么说，三年丧期若非得成立不可，可能还需依赖两个条件：

一、强大的伦理制约：人的情感也如同行为一样，会受到社会价值观和意识形态的左右，而有不同的表现形式和强度——即意识形态有"内化"的倾向。或许我们可以努力地想象一下，在孔子当年或者更早，强大到甚至成为整个社会运作基础的伦理体系，尤其"孝"又被视为一切德行的根源时，或者有可能让半数以上的人哀痛持续三年以内也说不定。

二、时间观念的不同：对时间的感觉也会因不同的生活方式和现实情境而有所伸缩。我们是不是也可以再想象一下，在早期中国松弛的政治结构、自然经济的生活方式和缓慢的社会律动之下，三年也许不会是恍如隔世、出了草庐后眼前已沧海桑田的漫长时日。

该不该如此想象，可能有相当的争议，但我的想法是，在某种程度的审慎而不太一厢情愿的限度里，一种“合理”的想象可能是允许的也是必须的，它能带领我们穿过文字的僵硬和简约，“还原”出一个活生生的、层次参差丰富的真实世界图像出来，换句话说，如果我们想试着去重建不同时间空间的价值观和现实情境，我们闪不开妥善使用想象力的必要，这能帮助我们扩大读史的视野，让已化为文字的材料和史实有机会显现出更深向、更多样的意义和关系出来。

这危不危险呢？可能是吧！想象力本身原就是双刃剑，但读史这件事从头到尾就不是一件无风无浪的下午茶休闲活动，而是战战兢兢走在真理和虚妄的边界，在一次次明澈的理解和一波波扑面而来的困惑和错误中蜿蜒前进。

至于什么样的想象是合理的？不合理的想象又是怎么一个面貌？我们可能很难事先有个方便好用的标尺，但我愿意努力贡献一点点经验，除了尽可能（要完全避免很难）不让预设的结论显得太蛮横霸道不可商量之外，当我们抽离现实，做抽象式的思考推演之时，得留心不要一下子走得太远，尤其是在每一次因果转换的当口，最可能会有意无意“遗失”掉一些我们不太喜欢的、不合我们结论所需的现实例证，因此我们必须辛苦一点，一再回到具体的现实世界，这可帮助我们把想象力一次次钉牢在真实的土地里，不会像断了线的风筝一样无法回头。

就像庄子和惠施这两个好斗嘴的好朋友在鱼池边的无聊辩论给我们的启示，当事情发展到“你又不是鱼，怎么知道鱼很快乐？”“你又不是我，怎么知道我不知道鱼很快乐？”……眼看着一路下去愈来愈像一场灾难，庄子及时地说：“请循其本。”——请回到事情最初的起点，你问我怎么知道鱼很快乐，我就是站在桥上看着鱼游水那种悠哉游哉的样子知道的。

康德说，经验是理论最后的验证，这“最后”显然不是发生灾难后再来救火的意思，而是“请循其本”，让我们在思考中不断回到现实世界来验证自己。

现实的利害问题往往得胜

话说回来，三年之丧在中国其实很早就不行了，早在“五四”要把礼教统统打倒的两三千年之前就不行了。主要的原因，我想是时代的变动，上述那两个假设再难以成立了。

虽然不知道也不可能有个明确的时间，但我们有理由相信，至少从战国时代以来这两个假设就难以成立了；那样一个战乱兼并不断、各国君王把注意力集中在最短时间内富国强兵的年代，需长期养成、护持的伦理体系必然呈现松垮，而现实难题的迫在燃眉又加速了时间的律动，因此，号称“自天子至于庶人”一须遵行的三年丧礼，起码我们在史书里就找不到战国的君王们有哪一个继位后曾老实地谅闇三年。

这种改变并不会是很困难的，除了现实的理由外，不守三年之丧的居上位者很容易从历史里找到前例援用，比方说最知礼的周公的儿子伯禽，为了参与平定管叔蔡叔的叛变，便不顾母丧出来打了三年仗。

更可靠的是春秋之时，晋文公的继位者晋襄公也在守丧期间出兵截击秦兵于崤函，开了“墨绖”（把披孝的麻带染成黑色）

的先例，而演绎出“墨经从公”——表示国事重于家事的堂堂理由——这句成语，这成了后代不行三年之丧的一个理直气壮的缺口。

到了西汉，当君王的（从汉文帝起）更制度化地直接“以日易月”——二十七月变成二十七日的时间巨幅升值。当臣子的虽然循例会辞官返乡，但大部分只是一个仪式，更可以在短时间内，援例办理地找一个其实也并不是非你不可的公事，由皇帝下张诏书劝你“国事”比较重要，复官了事。

毕竟在现实的利害和思古的浪漫情怀之间，长期下来，得胜的往往是后者。往后两千年的中国历史，哀痛期超过三年丧期的便纯粹是个人行为了，甚至是特例。皇帝嘛好像只有汉文帝和北魏孝文帝（为他祖母文明冯太后）认真争过这个，而一般人则似乎肯严格执行三年古丧礼的便有资格挂名史书的“孝行列传”，这种物以稀为贵的现象出现，除了代表写史的人思古的浪漫情怀打死不跑之外，其实更说明了三年之丧早已是明日黄花了。

理性早启、文化早熟

三千年前孔子的守教观是很“现代”的，不像早期人们常有的泛灵宗教意味，也不是彻底的无神论，而是倾向于相当有弹性、有余裕的不可知论者。

故　事

子贡问孔子，人死后究竟有没有知觉。

孔子说：“我要是说还有知觉，恐怕一些孝顺的子孙会因为死去的先人而妨害了生业；我要是说没有知觉，又恐怕一些不孝的子孙干脆把尸体一扔，连埋葬都省了。天啊！你要真那么想弄清楚，等你自己死了以后再知道也不迟。”

看孔门的师生问答，可以清楚感觉到子贡可能是反应最敏锐、也最有鬼脑筋的一个，像这类的鬼问题就不会是乖巧的颜回或憨直的子路问的，不信的人可以去翻翻《论语》查证。

今天看来，三千年前的孔子的宗教观是很“现代”的，不像早期人们常有的泛灵宗教意味，也不是彻底的无神论，而是倾向于相当有弹性、有余裕的不可知论者，而我们很容易了解，不可知论通常比无神论需要更充分的理性基础，因此在历史上往往出现得比较“晚”。

韦伯说整个人类的历史是一个解除魔咒的过程，如此说来，孔子可能是个异类，因为出现的时间有点“不准”。

个人的智慧具有超越性

曾有一位知名的物理学者，曾将历来世界伟大的物理学英雄，依其成就的高低分为四等，我不记得其详细的分等名单，只清楚地确定爱因斯坦被单独列为0等，一副前面没有古人，后面还等不到来者的超级伟大状。

但依分等者的解释，倒不完全是狭义相对论和广义相对论在物理学的价值远高于其他的原理如量子论，而是在他看来，其他如量子论的发现，都有发展的清楚步骤、轨迹和累积性，发现的时机已差不多成熟了，就算没有1900年12月当时普朗克伟大的临门一脚，最多延迟个五年十年，类似的量子假说也非常可能由其他的物理学者提出来；而相对论发现的不可思议，在于之前毫无迹象可言，在基础条件并不成熟的情况下，单独由一个大胆、智慧、超越性的伟大心灵所提出来，若不是爱因斯坦，类似的原理发现看起来遥遥无期。

我个人当然没有能力来讨论这个分等说法的是非，我之所以觉得有趣是，爱因斯坦的列为0等显示了分等者几个想法：第一，赞美；第二，相对论是个“早熟”的原理发现；第三，个人的智慧具超越性，不必然为既有的现实条件所限制。

文化发展的时间表

诸如此类的基础条件不成熟、提早发生的说法，用在孔子和中国历史发展上，其实也不从今日始，就我个人所知，梁漱溟先生便不止一次说中国文化是“理性早启、文化早熟”，并以为孔子是造成这种特质的关键人物；早熟当然是个相对性的概念，而相对于什么样的条件显得早了呢？所谓配合的基础条件又指的什么呢？我们很容易发现，在这样说法的背后，浮现着这样的假设：即有所谓“正常的”“客观的”发展步骤存在，甚至说有“普遍的”“必然的”历史法则存在。

那么，究竟有没有这样的法则存在呢？这可是吵吵嚷嚷了上百年的大问题，我们这里只能简单地来谈。

我的体会是，以物理学而言，是个普遍的、四海皆准的学问，其间并没有所谓东方物理学、西方物理学或者资本主义物理学、社会主义物理学的分别，在这样有着比较一致基本游戏规则的情形下，说爱因斯坦的超越性还可以理解——可能有着实质认定上的对错，而不一定是“技术犯规”的是非；但文化的状况就麻烦了，大致来说，文化是建立在价值观之上，不同的价值生长着不同的文化，其发展的轨迹自然也有着差异，想用一组单线演化的历史规则来对号入座，这是不可能的。

事实的情况是，黑格尔以来那些意图涵摄一切的历史法则，在实际对应复杂多变的历史实况时，总是千疮百孔，完全无法成立，人们愈来愈相信文化是异质的，有各自的发展途径，也有各自的时间表。

中国文化“变坏”的根源

中国文化“变坏”的根源该回溯既往到什么时候，这是硬碰硬的实证问题，当然不能放由情感来引导。

我自己不是个历史定论主义的信徒，更不相信人类历史会像“受了诅咒”一般，从开始就宿命地注定非走到几千年后的状况不可，我相信的历史是发散的、多歧路、因果性间接而暧昧的，其间有人的意志、有各种偶然和意外，有一代代人的愚昧和睿智不断在发生作用，已然发生的历史固然不可改变，但当然并不等于历史是单线的，只有一种可能。

关于中国文化病根的诊疗，我自己常有一种“不太负责任”的空想：如果我们身处的历史横断面不在二十一世纪的今天，而是在公元六百年前后，那我们看待双方早期历史的基本态度又是如何呢？我们会觉得当时繁荣富庶、社会风气开放又兵威鼎盛的隋唐是“隐含着失败和倒退”吗？我们是不是也会察觉出破碎停滞又保守的中世纪欧洲是“涵孕着勃勃生命力”的黑暗呢？

这样的空想，很容易被想成“国粹派”的动辄祭出汉唐盛世，我当然不是这个意思，只是想说明历史是有转折有起伏的，而不是一根直肠子似的好就一定好到底，坏就坏到底。

当然，今天中国的现实状况还有许多或某些更糟糕的地方，但毕竟也足足延续了一世纪之久了，我们固然能够也应该谅解当时知识分子的方寸大乱，但一百年后的今天，说句残酷一点的话，我们也应该慢慢“习惯”这个情境，学着冷静、硬起心肠来看问题。

如果我们还停留在“孔子是拥护君主政体的”“唐太宗是个好皇帝，但毕竟脱离不了封建君主对下层劳动人民的剥削”这种时空错乱，如同责问石器时代的原始人为什么发明不出飞机的层次，则当时可敬的心态使用在今天，只可能让当时的问题原封不动或更加扩大地留到今天。

孔门多“不肖”

孔子预言会退步的子贡，可能是孔门中最机敏、反应最快的一个，口才又好，因此不太像会老老实实做学问的人。孔子曾用“器”来形容他，意思是现实层面的某方面干才。

故事

孔子说：“我死了以后，子夏会一直进步，子贡却会退步，因为子夏喜欢和比他强的人在一起，子贡则只爱处在一群不如他的人之间好大发议论。”

我常觉得孔子其实是个很不留情面的老师，常常直言直语地当面批评他的学生，和时下要求为人师表者的耐心、爱心，避免伤害学生自尊这一套其实大有出入。

大概除了颜回之外，每一个重要的学生都挨过很重的责语或嘲讽，而不骂颜回便也罢了，心血来潮时还问子贡：“你觉得自己比起颜回如何？”子贡很诚实或者很谦虚地回答：“颜回闻一知十，我是闻一知二，我怎么敢比颜回。”孔子的回答居然一点嘉许或鼓励的味道都没有：“没错，我完全同意，你真的是不如他。”

参差不齐的七十二弟子

从某种程度来说，孔子也真教出了一堆水准参差不齐的学生来，而且绝大多数没什么作为，孔庙里陪祠的七十二贤人，恐怕比《水浒传》里的次要角色七十二地煞还面目模糊，早在西汉，司马迁就指出，这是一群因为孔子才得在历史留名的人。

据说其中颜回最优秀，每次孔子问问题，他的回答总最让孔子满意，甚至孔子都常觉得自己不如他，有时看着喜欢还会语无伦次起来："回啊！如果你将来成了有钱人，我来负责替你管账如何？"可惜颜回死得太早，后代人领略不来太多的好处。

至于孔子预言会退步的子贡，可能是孔门中最机敏、反应最快的一个，口才又好，因此不太像会老老实实做学问的人。孔子曾用"器"来形容他，意思是现实层面的某方面干才。纯粹从功利的眼光来看，子贡的确是学生中较有明显成就的人，孔子死后，他经商成功，又成了当时跨国企业的大老板。

子夏则不负孔子的期望，孔子死后他讲学于河西，成了战国第一任霸主魏文侯的老师，也是少数混得比较好的学生，但据孔子亲口说，子夏有一个小毛病就是很吝啬。

年纪较大的子路，性情比较冲动，最常挨骂，但看得出其实孔子很喜欢他不掩饰又充满正义感的性格。子路在入孔门之前，据说是个头插公鸡毛的江湖人物，去向孔子挑衅而被收服的（这很像释迦的大弟子舍利子，据说舍利子曾是外道——佛家称其他宗派或思想者为"外道"，聪明而雄辩第一，想折服释迦反被收服，释迦死后，诸弟子传道，由于舍利子原是"敌人"那边投靠的，很清楚对方的弱点，在论争上屡占上风，成为佛家的捍卫战士），因此他既是孔子的学生也是保镖，看不得有人对他的老师不尊敬，孔子自己都说："有了子路在身边，就听不见有人当面对我恶言相向了。”

孔子对他的严厉，我想有一大部分是因为孔子担心他不得善终，而他的下场果然最惨，在卫国一场内乱中进宫赴难，死后被剁成肉酱，时为孔子死前的一年。

冉有也是个干才，早早成了鲁国第一权门季氏的总管，混得相当不错，但据说替季氏征收百姓重税，一度被孔子宣布断绝师生关系。

曾参则据说是较笨的一个，但笨也有笨的好处，可能正因为比较笨，所以笔记做得一字不漏，而成为孔门学问的真正传承者，这一点和释迦牟尼那边的状况完全一样，佛家的经文主要由最笨的学生阿难记录下来，开头四个字一定是“如是我闻”，白话的解释是“我是这么听到的——”，摆明了没有、也完全不敢加入自己的意见。

宰我则是孔门出了名的坏学生，白天睡懒觉，嫌三年丧期太长，偏偏生了一张能言善道的嘴巴，孔子似乎很后悔收了这个学生。一说宰我后来出仕齐国，意图作乱而全家被杀，论性格是很符合，但应该是另一个“子我”之误。

圣人门墙

其他的学生则面目都不太清楚，只知道子张是外表光鲜仪容堂堂，但其实没什么内容；子羽则恰恰相反，长得难看却是个彬彬君子，孔子死后他把学问传到南方的长江流域一带；原宪穷而快乐；公冶长有坐牢的前科；樊迟只会问没头没脑、不知从何说起的大问题；冉雍是孔子最期待的学生，认为可以南面为王，却不了了之；有若相貌几乎和孔子一模一样等等。

这和宋代儒者心目中那样崇高神圣如天上星辰的圣人门墙的确差距很大。事实上，上列的名单还是孔门最有成就的少数几个，是“明星队”，如果把其他那些交了学费换来留住一个名字的那一群加上，平均水平更是要急剧下降了。

所以我常想，从这样参差松散的孔门，到后来成为贯穿几千年中国历史主干的儒家，多少有点意外，比起耶稣死后，十二门徒紧密结合、心无二志，甚至纷纷殉道而死的情形，或是释迦死后，弟子们传教不懈、上山下海的拼劲，孔子的这些学生可真是自干营生，颇有树倒猢狲散的味道。

这样说当然有点不公平，因为弟子们确实曾奋发振作过，但过程却颇像一场闹剧，他们莫名其妙地“以貌取人”，找了长得最像孔子的有若来继承师位，当然是不了了之。

被压抑的好学生

这里想来谈谈子贡。

除了长期担心子路“不得善终”之外，子贡也是让孔子屡屡提心吊胆的学生，因此好学生里这两个被老师压抑得最厉害，没做错什么坏事也得挨很重的骂（其他像宰我、冉求都是做错事才被孔子修理的）。其中子路的麻烦是他直来直往，完全不知趋吉避凶的光棍性格，危险在自身；子贡的问题则是太聪明外露，能力又强，万一出了什么问题，除了自己之外，可能还有很多人要跟着倒霉。

就记载所及，子贡挨骂的事第一感觉看来总像是“好事”，很冤枉的。一件是子贡用自己的钱赎人，这个行为看起来应该被赞美（我们在后面会读到这则故事）；一件是子贡曾根据一次鲁君和邾隐公在国宴上的失礼行为，神奇无比地预言了两国君王的灾祸临头，却被孔子斥为多嘴，只是不小心讲对了而已。

另一件看起来更倒霉，是齐国发兵攻鲁，危在旦夕，子贡奉孔子命出使游说，一趟跑下来，保全了鲁国，灭亡了吴国，让晋国强大，让越国称霸，并促成齐国的篡位改宗，这样跺跺脚五个大国天摇地动的本事，孔子的观后感却是告诫他要谨慎地使用言语的力量，并没有褒奖。

另外，则是孔子摆明了要子贡自己承认不如颜回，又说子贡将会愈来愈退步云云。

我常常很好奇子贡自己怎么想这些事，这个孔子口中不容易收敛锋芒、不肯委屈自己的聪明和认知能力的学生，长期以来怎么看待这些不尽公平的压抑。

当然，从历史的记载，我们知道子贡对孔子的敬慕情感是很真挚的，一直到孔子死前，随侍在旁而第一个知道老师将死的是子贡；死后，其他的学生心丧三年，子贡却在老师的墓前结庐而居长达六年，六年的时间对安贫乐道没有野心的原宪或资质鲁钝而一心向学的曾参不算难事，但对现实能力强大无比，在政治、商场都是超一流人才的子贡，就很不可思议了。显然不管如何，子贡是完全理解了（或者谅解了）孔子对待他的方式。

我常在想，若有能力或机会用类似小说的题材来侧写孔子或孔门，我第一个考虑从子贡的主观角度和心情来写。

子贡做好事被骂

骡子是马和驴杂交所生的，据说兼有马和驴两者的优点，但由于染色体的关系，没办法生育繁衍后代。我以为，子贡这些近乎特技表演的“好事”，孔子所担心的不纯然是事实的优劣问题，而可能是产生得了产生不了后代的问题。

用个实例说明大概清楚一些。《长短经》里很有意思地并列了两则孔门的故事，一是我们提过的子贡不申请公费而自掏腰包赎奴的故事，孔子却忧心忡忡地责备了子贡；另一则是据说子路曾拯救一个溺水的小孩，毫不客气地接受了人家一头牛的谢礼，却被孔子赞美了一番。

这廉洁而挨骂、不廉洁却受嘉奖的怪事，孔子着眼的皆是长期的效应问题，孔子担心的是往后大家想赎奴又不好意思申请公费，奴隶恢复自由的机会就少了；而救人可以堂而皇之得到好处，往后大家便肯跳入水里了。

因此，我们说子贡是骡子。

其实孔子自己也差一点是匹骡子。虽然可能是“众善所归”地被后代儒生添加了太多好处（当然，我以为这些太多的溢美之词，大部分像食品添加剂一样，原意可能是要让孔子看起来更甜蜜可口，但今天却发现大部分是有副作用的致癌物），但孔子本身真的很多才多艺。因此，纯粹从孔子的“私人领域”来看，孔子应该很有能力欣赏子贡式的特技表演才是，而我们从记载里也很容易读到，类似的动作孔子自己也做得相当不少，比方说，从一支死鹰身上的箭，就知道是千里之外某个外族射的；从人家不小心弄丢了祭祀用的牲畜，就预言要发生家破人亡的大事云云。

但谈到“公共领域”时，孔子就显得很小心翼翼了——虽然他“不忍剪裁”地自己经常违背。孔子很留意一个行为本身长期的效应，也很留意一个长期存在的法规和习俗背后那些容易被沿用忽略的深厚意义和现实基础，也因而，孔子在教授学生时，多少把人格的完整摆在才艺的学习之前，以为这是比较困难、比较容易被忽略的（“行有余力，则以学文”）。

这样谨慎的、留意个人行为和社会整体之间关系的用心，是孔子性格中较“保守”、较道德倾向的一面，但这样程度的保守在孔子身上毋宁是相当“健康”的，这样意义的道德也不至于是个“脏字眼”。

美好的东西总在“路的末端”

道德在什么时候可能会是个脏字眼呢？

我的想法是，当我们把道德看成是容易的，而不是困难的时候，就可能是个危险的征兆。如何能让道德容易呢？简单说，当它对内不必通过不断的怀疑、调整、思考、辩证，对外不必和其他的技能、学问、复杂的社会关系和人生整体发生纠缠不休的关系时。所有这些耗心力苦恼人的部分都变成不必要甚至是道德养成的妨碍，这样的道德还不简单吗？

柏拉图说，至善是艰难无比的，因为美好的东西总是在“路的末端”才显现出来。因此，至善的学习过程也是辛苦而缓慢的，必须要通过音乐、几何、天文和辩证法等等一样一样的难关；但到了圣奥古斯丁手中，事情就变得简单了：“因信称义。”意思是你当下心思所及，至善就立刻来了。

这样的心想事成，对人寿几何而学海无涯的人生永恒苦恼，固然是清凉无比的解放，但更多的时候，它却成了懒人的解放。想想看，这是多大的诱惑，也是多好的理由，当我们这么容易就“至善”了，谁还愿意或需要呆呆地去跋涉一趟柏拉图式的长路，以期得到那些还“不一定至善”的玩意儿呢？

只是，这种光秃秃、赤裸裸的神圣道德是多么让人不寒而栗，欧洲中世纪的宗教如此，中国宋明以来的礼教也是如此。就像艾可在他著名的中世纪修道院侦探小说《玫瑰之名》里，修士威廉是福尔摩斯似的大侦探，当扮演华生医生的学生问道：“在纯洁之中，老师您最害怕的是什么？”威廉的回答是：“快速。”

从后代来看，已成了白纸黑字、内容大多不再合时宜的孔门教材《六经》，当然可以退化成道德的“注脚”，但对于孔子生前教书那会儿，这些却是正在发生的政治、社会、历史的学问，和一代人民的身家性命幸福安乐都有“严重”的关联，绝不是可有可无、依附在“无上命令”之上的寄生虫而已。

而且，不管从记载来看，或是从第一代孔门弟子多种才艺而德行每有瑕疵难成道德楷模的事实来看，孔子的教学显然并没有安排那么多“公民与道德”的课程。“礼”，除了道德规范之外，其实有很大一部分是政治学和社会学的课程，“乐”是音乐，射是武术、体育外加一点礼法，“御”是驾驶训练和军事，“书”是文字学，“数”则是数学。

想到这里，我变得很喜欢孔子底下这一堆高矮胖瘦参差不齐的学生了，也相信孔子自言“年轻时因为家境贫寒，倒被逼得学会很多零零碎碎的本事”，是多么让他洋洋自得的真实告白。

儒家的真实样子

谈宋代以前的儒家，我觉得有必要留心不要过度使用孟子的想法和影响力，否则儒家的真实样子就难免有较失真的危险。

故　事

淳于髡对孟子说：“把名声和功业放在前面的，是为别人做事的人；把名声和功业放在后面的，是为实践自己心志的人，但无论如何，名声和功业总是存在的，如今你在齐国位列三卿，名声和功业都不见踪影就挂冠求去，仁者的行为真是这个样子的吗？”

孟子说：“宁可自己地位卑下也不愿事奉不肖的人，这是伯夷；五次投靠夏桀，五次投靠商汤，这是伊尹；不排斥昏君，不在乎官位卑下，这是柳下惠。这三个人虽然做法不同，但本质却完全一致，都是个‘仁’字，只要仁的本质一致，外表的做法又何必非一样不可呢？”

淳于髡又说：“鲁穆公时，公仪子执政，子思、子庚为臣，鲁国却更加衰弱，难道说贤人对国家反而没什么助益？”

孟子说：“完全是能不能真正任用的问题，百里奚在虞而虞亡，在秦而秦霸，不懂得真正任用，亡国都有可能，仅仅衰弱已经算是运气好的了。”

淳于髡又说：“以前王豹住在淇水，因为他的影响，河西的人都很会唱歌，所谓有内在的本质，自然会表现在行事作为上，哪里有做了事却完全看不到一点功业或绩效的呢？”

孟子说：“孔子在鲁国当大司寇而不被信用，有一回祭典的祭肉没分给他，于是孔子去官离国，不了解的人以为孔子争的是肉，了解他的人才知道孔子深刻的用心，原来是藉小过失离去，而不愿因他的离去凸显出鲁君的大过，君子的所作所为，本来就不是一般人所能了解的。”

录下这么长一段对话，并非对内容有什么特别的想法，纯粹是基于“保护即将绝种的珍禽异兽”的人道立场，毕竟，整部《说苑》里孟子只露了两次半的脸，这是其中戏份较重的一次。

相对的，以孔子为主角的故事却多达一百零八则，尚且不包括具名或不具名引用几句孔子话语的，一百零八比三的悬殊比数，实在是非常有趣的讯息。

刘向是西汉最重要的儒者之一，其子刘歆更是佐王莽“复古”变法的人，以西汉去春秋战国未远，而孔孟的影响力如此不成比例，当时儒家的嫡传非孟子所承不可言喻。

我的看法是，西汉的儒者主要可分有两种，一是经学的儒者，一是致用的儒者，皆和孟子没什么大相干。

圣人出现了

在谈西汉的儒者之前，我们先来提醒一个小问题。

真正把伯夷、伊尹和柳下惠并列，不论功业成就和影响力，只从人格下手，直接提升到圣人的位置，是始于孟子，并不是孔子，孔子基本上只把他们当个别的“人”，只简单地说，伯夷是个不念旧恶的人，所以别人不会对他反感——我不知道孔子指的是伯夷哪件事，因为依史实来看，这个人显然是个“很念”旧恶到有严重洁癖的人，才做得来饿死首阳山头这件事；至于柳下惠则是个心中有定见，不怕和肮脏的人混在一起的一个人。

其实更进一步来说，尧舜虽然已接近孔子心中的最高标准，但我的看法是孔子依然没怎么神话这两人，认为百分之百完美的事也不是他们能做到的，正如，我们谈过，同样说三代之治，孔孟两人还是有差别的。

因此，谈宋代以前的儒家，我觉得有必要留心不要过度使用孟子的想法和影响力，否则儒家的真实样子就难免有失真的危险。

官员的必修课

经学的儒者从传经、辨经到解经，由于有《五经》做为外在的身份证明，较容易归类证明。

这个工作流程的产生，直接和战国以来的长期动乱有关——特别是秦始皇那把有意的大火和项羽打下咸阳那把殃及池鱼的大火。

几百年来典籍的淹没，使汉武帝尊儒的第一件要务便是寻找《五经》的海内孤本，这是“传经”的阶段；然后由于各家的口诵耳传的参差，尤其拆毁孔子老家时忽然冒出来的古文经书，如何勘定真伪分辨讹谬，便成了“辨经”阶段的主要工作内容；最后是辨识经书所必然引出的诠释工作，这才是“解经”的来临，这个阶段又可分为前期集中在字义、字源、考证等偏向技术层面的解经工作，以及后期开始有余裕衍生意义、应对现实的偏向意义层面的解经工作。

这个“传——辨——解”的过程跨越两汉，一直到东汉末年由朝廷颁布《五经》的定本，并由蔡邕等人书写刻于石碑上，才暂告一段落。这是儒家正式学术化的过程，儒家从此有指定的课本，有研究的系统与途径，有权威建立的基本游戏规则，用近代孔恩的语言便是，儒家开始有所谓的“典范”产生了。

到这个时候，儒家已明确地不同于战国以来参差并列的其他诸子百家，儒家建立了自身独立的领域，也产生了代代研究成果能够积累的效果，不容易因往后个别朝代和帝王的爱憎而发生剧烈的消长，但不可避免的代价是，儒家失去了一些春秋战国时那种丰沛的想象力和自由，也多少划开了和道、法等其他各派想法的界线。

更决定性的改变开始，是朝廷取士方式的变动，从东汉顺帝以后，原先单纯辟召方式的举贤良方正、孝廉、茂材等，都必须加考经学，如此，儒学进一步成为跻身权位者的必修课程，一直到清末科举废止为止。

但若以西汉来看，经学才正是“传经——辨经”的阶段，对当时的政治现实，作用十分有限，更谈不上成为政治主流，最起码也要等到东汉后期“解经”开始衍生出理念和主张，可拿来和现实作为对话，才慢慢有机会回到政治的领域来。因此，西汉的经学儒者在政治上完全是“在野”的角色。

而不管经学一脉的儒者的政治地位如何，儒家这方面的发展，摆明了和孟子不会有什么像样的渊源，因为孟子不注重经学，也没就经书的内容发表过够分量的言论，这是非常清楚的。

成为一件外衣

至于另一支在现实中用力，行为或言论较偏向儒家的人物，其实并不容易归类。

一方面是因为强调致用的学者，本来就容易跟着现实的推移而变动。如楚汉的战乱、战后文景之治的休养生息、北方匈奴持续的军事威胁等，任何言之凿凿的理论，若对付不了现实的困难，也只有暂丢在一旁，而这些不同时期的不同困难，事实上也不允许削足适履去迁就一个先摆好在那里的理论。

另一方面，从孔子以来所谓的儒家本来就是个松散的存在，尚未成形，不同的人有不同的主张，而且往往和法、道、墨、阴阳相互渗透，硬要认祖归宗有实际的困难。

因此，整个西汉投身在政治领域的“儒者”，用后代的眼光来看，多少有点四不像。比方说被司马迁誉为一代儒宗、为汉高祖制定朝仪的叔孙通，便是个亦道亦儒的怪才，这个人一生的行径和道德原则，没有一样不和后代儒者背道而驰；贾谊、特别是晁错都有极深的法家色彩，至于公孙弘更不用说，他和“独尊儒术”的汉武帝一样，儒家只是他们的一件外衣。

最接近“人格者”的人物，可能是劝武帝尊儒的董仲舒，但读过他生平和所著《春秋繁露》的人很容易发现，董仲舒用宋代儒者的尺度来看也很不“纯粹”，又有很浓厚的神秘主义倾向。

这些人物显然和高谈仁义、有心学倾向的孟子更互相不对味。

西汉便是这么一个找不到什么“淳儒”的时代，因此道德的风气看起来不如东汉那么淳厚，这已是历史教科书上的结论了。

但依我个人的偏见，我还是比较喜欢这样的时代，火杂杂的、未成形的，有较强大的生命力和想象力。

廉洁跟薪水有关

我个人以为薪水最好还是得拿，像田子方那样，廉洁是廉洁，不贪是不贪，但这只能是个人对自我的要求和选择，万一进一步被当成一种道德尺度，拿来要求别人，难保不会出事。

故　事

魏文侯攻打中山不利，逃回安邑，田子方落在后头，在路上遇到魏太子击，太子很恭敬地下车快步向前招呼，田子方却大咧咧地坐在车子上说："你替我告诉君王，让他在朝歌等我。"

太子有些不高兴："没想到贫穷的人对人可以这么无礼。"

田子方说："当然只有穷人才能这么无礼对人，富贵的人怎么敢呢？你想想看，当君主的这么对人就注定要亡国了，我还没看过有这么笨希望亡国的君主；大夫这么对人则注定要亡家，我也没看过笨得准备亡家的大夫；至于穷人，大不了穿上鞋子到别处去，还怕到哪里会让你穷不了吗？"

这则故事的俗名是"我赤脚还怕你穿鞋的"，学名则是"除了脚镣手铐，没什么可以损失的了"。

田子方和魏文侯的关系很有趣，文侯以对老师的礼法待田子方，田子方也积极地推荐很多人才给文侯，但说是国策顾问，偏偏又没有头衔和薪水，说是在野的社会贤达，却参与最高的决策，而且更不是反对力量的立场。这样的关系，很难用我们近代的政治经验来理解。

当然，田子方的方式即使在中国历史上也算比较特殊的，“王者之师”这个行业，一般说来是支薪的，而且显然常是全国最高薪的公务员那一层级的，如管仲、百里奚、张良、王猛、崔浩等，没人如田子方自始至终坚持他的江湖身份。

不拿薪水是不是比较高贵也比较自由呢？自由，我想大概是吧；高贵，那就不一定了。

“有闲”阶层的产生

亚里斯多德说奴隶制度是必要而合理的，这句话听起来很让人生气。我想这不只是今天我个人的价值观问题，而是有充分的历史经验为验证：奴隶制度是最不人道不正义的阶级划分，是最没有效率的生产方式，对人性的价值有巨大的破坏和扭曲，对人的尊严是很彻底的侮辱和践踏。

但却也很难否认，奴隶百害唯富“一利”，这“一利”说起来对早期人类历史文化的发展有一定的贡献——即让人类在生产力极低落的早期阶段，有机会把一部分人的心力和智慧从延续生存的必要活动里解放出来。

这种“有闲”概念的重要性，今天已接近常识了。比方说，文化人类学者曾将早期的人类分为两种，一是素食性的所谓“强壮型”，一是肉食性的所谓“苗条种”，而人类文明的建立者是“苗条种”这条脉，原因很简单，肉食的营养高，是一种有效率的摄食方式，相对花在维持生存上的摄食时间便降低了，因此有时间可以花在“不实用”的行为和想象上头，这“不实用”正是文化的开端，像古代陶瓶上的“无用”花纹。

奴隶便是如此燃烧大量自己，照亮少数别人地来完成同样意义的解放——当然这绝对不可以拿来做为奴隶应该存在的合理化基础。

我们知道，光辉灿烂，甚至被很多人想成最早期的民主政治发源地的雅典，她的公民人数和奴隶数目之比，超过一比十。

书中自有黄金屋

从这个角度来看，中国的读书人显然没这么好命。中国的阶层社会松动得早，读书人一直没取得一个坚实可靠的经济基础——不能像希腊有奴隶可供使唤的哲学家，也不能像印度种姓社会的婆罗门阶级一样坐以论道，甚至也没发展出如后来佛家以接受化缘布施来解决基本生计问题的方式。因此这些现实问题往往必须自己来，我不确知这是否“限制”了一部分读书人的想象力。

因此，从春秋战国以来——这正是周代的阶层体制崩溃，教育权利也下放至一般民间的时刻，中国便不乏一些穷读书人“苦读”的故事，这个“苦”字通常有两层意思，指的既是读书的认真态度，也常带有境遇贫苦的意思，像原宪、颜回、苏秦、张仪等等。读书这件事也就最少有两层的意义：不仅是个人的志业，也得寄望成为谋生的技能。

于是出任官职被称为“代耕”——像农人耕田来养家糊口一样。或者像春秋时的另一种说法：若父母亲年老需要奉养，则不可以对官位大小好坏挑三拣四，得毅然决然去出仕。从这些话来想，我们很容易感觉到读书人背后的经济压力。

这种经济压力的存在，不用说一定多少会成为读书人坚持理念和现实妥协之间的一大包袱，说得极端一些，像陶渊明那样看破堕落的现实官场，回头还有个将芜的田园可以耕种，说起来已经算还不错的了。

把人想得庸俗一点

因此，我个人以为薪水最好还是得拿。像田子方那样，廉洁是廉洁，不贪是不贪，但这只能是个人对自我的要求和选择，如果太强调这样的行为高贵而值得师法，其实是很危险的，万一进一步被当成一种道德尺度，拿来要求别人，难保不会出事。

每种主张和学说，多少牵涉到对人性假设的差别，在这方面我是比较悲观的，习惯把人假设得脆弱一些、低调一些。一个人能拥有良好的德行、利他的胸怀，是了不起的，应该给予喝彩，但若是平凡一些自私一些，甚至“庸俗”一些，只要没有什么大害，也可以是很正常的。

这是不是等于不信任人性中有美好的生长因子呢？会不会等于提前放弃了对更高层次的“善”的积极追求呢？我以为不一定会。因为这是两码事，把德行的追求看得难一些，可能会因此犹豫迟滞，但也可能会更加积极用力；而更重要的是，我以为对人性做比较低下的假设，是比较“安全”的，我们不会鲁莽地相信，在人间建一座天堂是轻松愉快的事；也不会严厉地指控，凡不合于某种道德尺度的人都是该死堕落。

我们回到薪水的问题来。

因此我个人比较信任如管仲的说法：“仓库积足了粮食，人民才可能开始知礼守礼；吃得饱穿得暖，人民才可能建立荣誉和羞耻的观念。”我也相信真的有“养廉”这件事——给予当官任职的人足够的生活照顾，以防止他抓狂做坏事搞钱。

“养廉”的“养”字

当然，从无数的实例我们知道，有了钱还更“不廉”的人比比皆是，这种“养廉”之说是不是纯粹是一种以带血腥的生肉训练狮子老虎返回丛林的行为呢？

我想倒不必如此激动。的确，廉洁的德行何等的崇高纯净，本来就不是单靠钱财这等阿堵物建立起来的，不廉洁的人绝不因为忽然发了洋财而一下子成为一个淳淳循循的君子，因此，我以为“养廉”的这个“养”字，不应该理解为“从无到有”的建立过程，而是防止人“从有到无”的维持过程。

一种美好的德行，是否是人与生俱来的善性，或是在生活、学习中忽然顿悟的“立地成佛”，我不确知，但我个人很肯定的是，美好的德行与人的关系，绝对不是一次完成、永不磨损的。在现实的经验里，我们看得更多的，不是建立的艰难，而是堕落的频繁，很多开始时干净有洁癖的人，一下子就在现实的考验里走了样了，这种不是敌人不来投靠，而是同志不断流失的现象，往往才是我们灰心失望的原因。

中国历史上并没有真正成形的虚无思想（老庄的当然不是），一般读书人追循的儒家主流，更是要人砥砺气节，做一株冬日冰雪里“屹立山河大地”的老松树，然而，我们却也找得到不少读书人堕落难看的脸孔行径，尤其愈到后代，儒生和权力系统挂钩愈紧，奉迎奔走的帮闲小人也愈多，这不是从孔子以来，有什么人前一套私下一套的教诲，而是说明，当下立志容易、理想容易，但把维持志气，在吃饭穿衣里实践理想就不那么容易了。

因此，“维持”——不是停滞地保有，而是不得不在已然存在的现实考验里奋力前进——让德行不坠是很辛酸吃力的事。

既然知道维持是这么辛酸，已有这么多无法拒绝的考验摆在眼前，我们怎好不想办法减去一些严酷的试验，还雪上加霜呢？从这个角度来看，稳定的薪水收入便对廉洁的维护尽得上一点绵薄之力了，它至少可让读书人面临抉择时多一点防卫的余地。

我很相信，如果中国古来的读书人经济基础更可靠一些，则读书人还可以表现得更有志气、更廉洁一些——当然，这纯粹是就事论事，并不是说因此就要让广大的劳苦大众受更多苦来“砥砺”读书人，如同奴隶制度那一套。

“饿死事小，失节事大”

《旧约》里有个矢志不渝的义人名叫约伯，被耶和华心血来潮（闲着无聊和魔鬼打赌）狠狠地考验，从幸福美满到家破人亡，甚至全身病痛破烂不堪，站都站不起来，但他的眼睛却依然仰望天上公义智慧圣洁的神，于是那一刹那圣乐响起，神的恩宠又回来了，约伯通过了考验，证明他绝对是义人，于是耶和华“重新给他”的远比“拿去”的更多。

这是个壮丽璀璨的真英雄证明过程，但却是个无聊、残酷，又令人生气的愚蠢举动，考验出原本就存在的一个一百分的大英雄，可能会失去原来就存在的一百个六十分的小英雄。

中国后代也有一些把人性假设得过于高贵的大儒，不去用力减少人间已有的磨难，却喜欢关起书斋来玩这一型的赌博，典型的比方像老要人做“饿死事小，失节事大”这类要钱还是要命的二选一，须知这原是人生大不幸才不小心遇上的最后抉择，一次都嫌多，哪里可以一日按三餐来。

因此，不管是否是上天的礼物，或是我们心中无上的命令，德行的养成和维护终究要在不断的妥协和坚持之中奋力前进，人间要的不是一两个高贵无比的道德典型，而是个别虽不免有瑕疵却普遍存在的善意和美好。若恰好有田子方这种奇花异草，留着一株观赏也就可以了，不需要去推广种植，种太多不仅长不活，就算长得活也当不了饭吃。

毕竟，饿死虽然只是小事一桩，却怎么说也是痛苦、难以忍受，能不要发生就千万不要发生的事。

读史不需当裁判

读史的人实在不需要去当裁判，硬要由此比出到底是周公厉害还是太公厉害。对读史的人而言，学习和理解要比当啦啦队有意义多了。

故　事

辛栎对鲁穆公说：“周公实在比不上太公（姜子牙）。”

穆公问为什么，辛栎说：“当年武王灭商后分封诸侯，周公选了曲阜一带是为鲁国，太公选了营丘之地是为齐国，论土地肥瘠，曲阜不如营丘，论人民多寡，曲阜又不如营丘，更何况营丘有山河天险可为国防，所以我认为周公比不上太公有远见有智慧。”

穆公无法反驳，但事关祖先的声誉，觉得很没面子，便把这些话告诉南宫边子。

南宫边子说：“当年周成王决定定都于雒邑，在卜筮的龟甲上刻下誓言：‘我拥有天下，掌理万民，怎么敢不将国都设在国家中央，这样如果我有什么罪失，四面八方的老百姓很容易就可以来讨伐我了。’周公选了曲阜之地，也在龟甲上立誓：‘立国在山的南边，如果后世子孙赞良，无碍于繁茂昌盛，如果不肖，无险可守，要灭亡就很容易了。’成王和周公的远见和智慧，哪是自私地挑选什么肥沃险要的地点来立国，辛栎这个小人又怎么能了解周公的用心呢？”

非是非非

鲁国虽然说是封给周公的，但周公却没有真正到鲁国去，原因是周武王早死，继位的成王年纪太小，周公遂留在朝中代行天子的职务，而将鲁国的草创工作交给儿子伯禽。

相传分封后才五个月，齐国的太公便来报告建国的工作已完成，代行天子职务的周公显然没料到太公的手脚如此利落，很惊讶能这么快速，太公说：“我是依照当地原有的风俗习惯来制定礼法，治理政事，老百姓简单就能配合，所以很顺利。”

而鲁国的伯禽却足足搞了三年之久才来报告完成，周公这回又惊讶伯禽怎么这么迟缓，伯禽说：“要改变当地的风俗习惯，教导百姓能遵行天子的礼法和制度，是很费力气的，所以才这么缓慢。”

周公听了，长叹一声道：“治理百姓，方式一定得平易简单，容易遵循，这样百姓才会亲附，我看，以后鲁国要长期被齐国骑在头上了。”

这两个故事是不是都信而有证，我并不知道，它们却不约而同地指向同一个事实：即四百年后的春秋时代，的确是齐国强而鲁国弱。但如果从故事内容和意义来看，周公家和太公家的“睿智”是双方各一胜一负，打成平手。

我的想法是，这两个故事里的说法都很有趣的，也都比许多人的常识判定往深邃处转了一折，这就够了，读史的人实在不需要去当裁判，硬要由此比出到底是周公（或伯禽）厉害还是太公厉害。事实上，就连齐强鲁弱这样的史实也不算是终极性的结果或评审标准，我们很容易就能找到其他的评赛尺度，比方说，若从较长时段或文化、思想方面的影响力来看，我们能不能说鲁国对中国历史的贡献（或“伤害”）要远大于齐国呢？

又或者，我们更应该想到，春秋时代两国的强弱判然二分，真的是四百年前的开山祖师就能完全决定的吗？其间的因果关系真的强横霸道到完全不受干扰或改变吗？那两国这四百年间的君王和主政大臣都干什么去了？管仲和孔子的出现意义何在？两国一代代的百姓都是被拉线做动作的木偶吗？

显然这不是事实，因此，我们大可不必落入如鲁穆公必须为自家祖先争一口气的情结里，毕竟，对读史的人而言，学习和理解要比当啦啦队有意义多了。

太公其实也抓狂

把土地依比例交由诸侯、大夫、士来分别掌理，称之为“封建制度”，大行于周代，但究竟是有意的设计还是客观条件使然？

这么问可能很愚蠢，事实上这两个因素也应该是相容的。所谓客观条件指的是，早期存在这块土地上有很多或大或小、自成单位的民族、聚落或政治体，在长期的时间里经由或暴烈（如战争兼并）或平和（如逐渐相互依存而融合）的接触而逐渐减少其数量、扩大其单位的人口和土地面积，所以相传黄帝时号称万国而到周初封建七十几国。而所谓的可以和设计相容，意思是，周初的封建设计是建立在这样的现实基础上，或者说，是将这样的现实情况予以某种程度的调整和规划。

传统儒家的解释，当然并没有明确的否认客观情况的存在，但可能太偏重于设计的一面，仿佛周武王牧野一战杀了商纣，天下的土地已尽在手中，只需动动尺动动笔划分一下就可以了。

然而，相传周初封建的七十几国之中，同是姬姓的王族就有五十几个，占了百分之七十以上的比例，这却又凸显了设计和意志，究竟是怎么回事呢？

事情其实大约是这样子的：周初封建七十余国，但史料上也记载，当时存在这片土地上的大大小小“国家”据说还留有上千个。我想，所谓的上千个当然只是个粗略的估计，今天就算我们可能通过时光隧道回到当时来算，也包管算不清楚，因为当时华北一带的真实图像应该是，各色人等杂处在一起，这里一撮那里一撮的各自为生，要怎么样才算一个单位，甚至算一个国家，恐怕谁也说不清。

等到自己慢慢开始读史，才慢慢懂得这原来正是当时的实况，周天子的所谓封国，在这片土地上只是点的存在，有人曾用现代的概念和语言来说明，称之为“武装殖民”，意思并不一定完全准确，但确实有这么一点味道。就像小学课本地图上齐、晋、鲁、卫的小黑字，这封国的开始往往是以某一个小点为中心，盖起了城墙（或其他的防御工事，或没有），慢慢向四面八方扩展出去，因此，《周礼》里政治地域的划分便采取这样同心圆式的涟漪往外扩散，而《左传》里也不断记载一些新地域的获取和筑城的记录。

总的来说，我的想法是，当时周天子的力量直接能到达的地方相当有限，对同姓王族和异姓功臣的分封，除了酬庸之外，事实上有相当浓厚的“开拓”意味。比方说，《史记 · 齐世家》里记载太公封于营丘，一路安安闲闲地去齐国上任，晚上投宿时有人说：“看他睡得这么安稳，走得这么悠闲，大概不是去封国上任的。”太公听了，赶快爬起来连夜赶路，黎明时到达，果然附近的莱夷想来争夺营丘之地，后来是太公经营成功，局面才安稳下来。

一国的封君得连夜赶路，迟一点连个立足之地都没有，这显然和后代新官上任的只需办个交接仪式大有不同。

又据说管蔡联合商的遗民作乱，和周公足足打了三年仗，当时的鲁公伯禽居母丧却不得不投身战场，留下一个“母丧期间该不该参与兵革之事”的大问题，连孔子都无法替伯禽找理由打圆场，也可见当时的封国君王，与其说是去当官享福的，倒不如说更像是美国西部拓荒的大侠枪手。

而四百年后的儒者，为了整顿春秋战国的乱局，希望回归到西周盛世的秩序，因此，总要略去现实层面不得已或必须迁就的因素，而特别强调周公睿智的设计，甚至在古制里大量添加自己的理念（极端一点如康有为说的孔子托古改制说），这并非完全说不通。

强秦何以短命？

历史教科书常这么写：夏、商、周三代是封建，秦是郡县，西汉则是郡国并行，这没什么不对，但我以为没说到重点。

大致来说，秦是真正统一了天下，经过约四百年春秋战国的兼并动荡，原来各自为政的小单位已清理殆尽，秦朝的行政力量能到达的领域大致已涵盖了当年战国七大强国的势力范围。

当然，我并不是说，秦偏向中央集权的郡县制度一定是“明智”的或“进步”的——事实上这是另一个有趣的问题：秦的郡县制是不是个“提早出现”的制度？因为除了全国统一这个因素之外，还得考虑如人民的价值观和生活习惯的变动，权力的重新分配，交通和经济系统的配合，官僚体系的发展，故国本位意识的消除等等配合的条件是否“跟得上”一个急速偏向中央集权的政治设计——但我们不妨注意一下，秦朝几代深远而彻底的清扫，和周武王擒贼擒王的牧野一战，胜利之后所面对的现实图像已然完全不同了。

而秦的迅速覆亡，真的主要是行郡县制的关系吗？还是另有其他更复杂更重要的因素？封建真的是个“比较好”的制度吗？

后代一般的儒生，大都倾向于简单相信秦之所以短命，是因为背弃了先王睿智的封建制，而改行了“刻薄寡恩”的郡县制，一旦危难来临，遂尝到没有宗族力量以为屏障的必然恶果。周的长达八百年和秦的短短十几年，简单地成为封建、郡县这两者优劣天壤之别的证据。

我以为传统儒家的这种解释是很有问题的。

当然我个人相信，秦朝的倾向于中央集权的政治“实验”可能有不成熟的问题，我也相信依封建的方法划分为各个较独立的单位，较不容易“输则全输，赢则全赢”。但一个王朝覆亡的原因何其复杂，其间有人的因素（如赵高、胡亥的胡搞），有制度的因素（如和郡县制无关的过苛法令），有经济的因素（如变动中未趋稳定的经济发展），有历史的因素（如六国新灭人民的低度认同感），简单归结于郡县制是没有说服力的。何况周代名义上的八百年其实是不可靠的，从平王东迁后的足足一半时间，周王室只是拖死狗似的存在，究竟干脆灭亡算了还是要死不活，哪种情形好些，这还得看我们从什么角度去思考（如果依本则故事中南宫边子的说法，周成王和周公显然会说早早灭亡算了）。

我觉得这个争论用后来历史的发展来说明，可能是比较靠得住的，从汉代以后的情形来看，被儒生视为珙璧的封建制显然有其困难，而不能用当权者的愚蠢或私心来解释；至于宗族屏障的效果，也不似想象中那么如意。

然而，这种“郡县所以短命”的理论，却一直到明清还有人津津乐道，这种强加个人意志于现实的说法，毕竟对应不了也解释不了历史，历史的发展自有其现实的理由和线索。

秦的超级短命和郡县制的始终被绑在一起，我以为是“因误会而结合”。

帝王的“人性”

秦亡之后的楚汉之争，在汉高祖刘邦战事吃紧时，便有郦生向刘邦建议广封七国的后裔为王来收取人心，以对付项羽，却遭张良驳斥，以为好不容易才弄到只剩项羽一个对手，没有理由再去制造一批新的势力来自找麻烦。

所以，刘邦打败项羽之后，第一次分封，显然也是“不得已”的、迫于现实状况的。当时如韩信、彭越、英布等人既不是出自刘邦的嫡系力量，又强大到一时之间无法完全控制，要等到韩、彭、英等人诛杀殆尽，刘邦和其他功臣共同签署“白马之誓”的合同：如果有不是刘姓的人封为王的，所有人都要联手来修理他。这第二次的分封，显然才是出自于刘邦的意志。

这次的郡国并行，封建的部分是国数减少了，而且都是皇帝的儿子和近亲；郡国的部分则是皇帝直接支配的地区比周代扩大了，仿效的大体是秦的地方制度。

无疑，刘邦是接受了儒者一部分的说法，认为广树宗族的力量是安全的，有利于维护权力中心，而现实的另一面是，不得已的因素大致消失以后，皇帝到底也不愿再把自己可直接支配的地区主动削减到周的规模，换句话说，若跳过秦的大幅度偏向中央集权，汉代的君权显然也比周代要集中强大得多。

这当然是合于帝王的“人性”的。

照样造反的自己人

而宗族的屏障效用又如何呢？血浓于水的抽象情感和现实利

益之间是如何消长呢?

我们来看汉代的实际发展。

众所皆知，汉是才到第三代的文帝之时，便有贾谊对当时刘姓的东方封国的力量和野心忧心忡忡，以为大乱急如燃眉，到了第四代景帝时，后有晁错进一步发挥贾谊的看法，劝服景帝削藩，果然立刻引起有名的“七国之乱”，这场战事极短，但初期却严重地摇撼了汉的天下。这样的历史发展，对简单服膺周代封建至上论的儒者，理论上应该是狠狠的一巴掌。

有趣的是，“七国之乱”的发生倒并没有怎么动摇后代儒者这方面的理念，却使现实的发展有了变化，在景帝、武帝两代，削减封国土地，降低封国官员地位及减少其数量，重要职位由中央指派并代封君行使权力，制定一些严厉到故意找麻烦的处罚措施，到这个地步，汉代其实是有郡国并行之名而却行郡县之实，封国的君主很快大权旁落到沦为收租者而已，后代甚至往往封了王也不到封国报到，而长期留在京师皇帝身边。我们可以说，从汉武帝以后，中国的中央—地方制度的基本架构已初步确立下来，以后只做名称和细节内容的变化而已。

周代的封建方式，已完全退出历史舞台，后代若有实质性的封王或异姓的封王，大概都是透露这样的信息：即皇帝已无力控制臣下的不得已措施，天下即将或已经混乱了，甚至是篡位的情势已近在眼前了。

从中央—地方制度的简单发展来看，的确中国的君权有随着时间扩大而集中的倾向，虽然这个倾向是蜿蜿蜒蜒地前进。

历史背后的历史

李悝是商鞅、桑弘羊式的现实人才，尤其在经济问题上特别用力。他对魏文侯最有名的建言，便是“尽地力”，以得到最多的农产品，这就是国家富强的不二法门。

故　事

魏文侯问李悝：“刑罚的根源何在？”

李悝说：“刑罚是因应着奸邪荒淫的行为而设的。但问题是，奸邪的行为通常来自贫穷，所得不足最基本的生活所需；而荒淫的习尚又往往是和普遍的贫穷共生的不正常现象。

“对器物追求无用的雕饰，是最妨害正常农作的；对衣服讲究华丽的装饰，是最妨害正常纺织的。妨害农作是饥饿的根源，妨害纺织则是寒冷的根源，饥饿和寒冷一起临身，难免就会逼人做出奸邪的行为；过度追求无益的雕饰，则自然会形成荒淫的习尚。所以居上位的人若不加以防止，则整个国家是大多数贫穷而奸邪的人，加上小部分富有而荒淫的人，这时再设定刑法严加惩罚，等于是装设了陷阱来抓人一样，因此治理国政的人，一定要从刑罚的真正根源着手，让奸邪荒淫的行为无从而生，这才是刑罚最根本的意义。”

这段对话（不能称为故事）比较生硬无趣，选择它的原因是因为李悝这个人。

李悝是战国初魏文侯手下一个非常重要的人物，但和我们说过的田子方不同，田子方是“云上人”，对魏文侯是高手过招式地在治国的理念和原则上做重点的点拨，李悝则是商鞅、桑弘羊式的现实人才，尤其在经济问题上特别用力。

除了肯定“劳心者”的价值外，中国人一直倾向于相信惟有劳动才能创造价值。这里所谓的劳动，简单地说就是以农耕为主，承认的边缘到工匠的劳动为止，商业的行为大都不被算在内。李悝对魏文侯最有名的建言，便是“尽地力”——如何对既有的土地做最大可能的利用，以得到最多的收获，这就是国家富强的不二法门。

国家“太平”的最首要条件

李悝对魏文侯的建言，记载在《汉书·食货志》里，由于内容非常详尽，其中李悝举出的一个例子，甚至有实际的数字，因此成为我们今天了解中国早期历史很重要的史料。

李悝以五口人的农家为例，耕种的田地面积是一百亩，一亩岁收小米一石半，因此收获的总数是一百五十石，扣去十分之一的农业税，实际所得是一百三十五石。

李悝又估计一家五口一年吃掉九十石粮食，剩下四十五石，其中三十石折成现金大约是一千三百五十钱（保留十五石不折现，可能是种籽及必要的留存应急），其中一年的祭祀花费计三百钱；全家一年治装费共一千五百钱，如此算下来正常的年头每年短少四百五十钱，所以得节衣缩食，日子过得非常辛苦。

这怎么办呢？李悝的想法集中在两点：一是产量，二是粮价。

依李悝估计的不足额推算，农家一年需多产十石粮来平衡不足的四百五十钱，但李悝在这里并没认真提到比方说技术改良以提高产量的解决方法，只大致地分别了自然性的丰年与荒年：好年头略分三等，大熟扣除税收食用后可剩四百石，中熟剩三百石，下熟剩一百石；至于荒年亦分三等，小饥获约一百石，中饥是七十石，大饥则只有三十石。

既然产量的多寡基本上只能“看天”，李悝解决不足的关键便在于粮价，如果粮价能稍稍提高，便可能平衡一般性每年约四百五十钱的赤字，但粮价太高也会出问题，届时农民虽然宽裕了，但受害的便是不以农作为业的其他人，是所谓“谷贱伤农，谷贵伤民”（这里李悝倒没有继续追踪谷价高低所可能引发一般物价的持续波动问题，但起码已确定谷价某种均衡的必要）。

而李悝也察觉到了产量和价格的基本关系，因此要维持粮价的适当水平，政府必须充分利用丰年的盈余，以正常的价格和一定数量比例来收购粮食建立仓储，作为平价和荒年的救灾之用。

至于真正的“尽地力”增产，李悝以全魏国为范畴做“总体性分析”，方式是尽量利用魏国的既有耕地和鼓励人民认真耕作，估计全魏国土地有九万顷，其中三分之一是水泽山林和城市住家，田地总面积可达六万顷，若能认真耕作，每亩可多产三升，则全国一年可超收一百八十万石的小米。

李悝的这种分析，是既有史料（我所知道的）里最早指出产量和价格之间关系的，过往已很强调建立仓储的必要性，所谓三年耕作可节余下一年存粮，二十七年可余九年存粮，这是国家“太平”的最首要条件，否则“国家就没资格称为国家”（国非其国），概念尚停留在纯粹的积粮救灾，以丰年的积蓄平衡荒年的歉收为着眼，李悝则进一步把仓储加以利用，让仓储之于粮价像长江有洞庭湖可调节水量一样，是汉代以后“平准”（平抑物价）的先驱者。

数字里的大学问

这种史料会让人看到什么？当然随着每个人对中国早期历史图像和相关史料的不同理解，而可能有不一样的凝视焦点和结论，以下只是一些可能性的发现范例而已：

一、李悝所谓的农家正常赤字（四百五十钱）是什么意思？我们知道，在彻底的自然经济之下，其实只有吃饱和挨饿的问题，而没有什么赤字不赤字的问题，一定要到社会分工有基本的规模，人的日常必需已经得到某种程度的依赖交换，这时赤字才有其意义（否则赤字的项目都是可以节省的“不急之需”）。

因此，李悝的“赤字”究竟是一种分析的计算方式或是现实状况，关键可能在于战国当时经济分工的程度（显然当时魏国的总粮产量基本上是“够吃”的，所以问题的重心不是缺粮），这就需要我们从广泛的史料“间接”地去了解，但不容否认，李悝以粮价为重心的计算分析，使我们对战国初经济的图像有不同于早期自然经济的理解。

二、研究中国历史上的经济问题非常有见地的专家便由此推断彼时的商业已非常发达，商品交换已深入人民的日常生活，这从跨国企业商人的产生、大型城市的建立（城市是交换经济的产物和象征，春秋战国时中国已有不少人。众多的城市，比方说齐都临淄便号称有七万户，可粗估三十万人口以上）都可见端倪，但我个人的想法比较保守，我猜当时的经济发展图像可能很不“均匀”，三晋和齐国是开发较早的地带，可能是发展的尖峰。但要说如铁制农具必须依赖交换，我觉得倒还合理，若如李悝的计算，连衣服都完全取自于市场，我就觉得不太合理了，因为纺织一直是中国农家不可替代的副业，因此某种程度上，我以为李悝的算法属于计算方式。

三、从李悝的分析，最直接便是得到中国农民“终年辛勤不得温饱”的一般结论。如前所述，我以为是错解了李悝的分析重点，纯粹就李悝所谓的不足而言，是商业开始进入造成日常所需的“边缘项目”（如祭祀等）的费用可能紧缩，而不在于缺粮挨饿的问题（正常的情况下，农家一年都有四十五石左右的余粮）。

而就算交换经济已有相当程度，但农家副业的比重应该还是非常可观。李悝的分析完全没有把副业的经营和收入列进来，这部分收入完全可能和其他一般支出相互冲销，因此我们便不该再夸大税收粮食以外的其他支出。但按照李悝的分析，不足的关键支出是购衣的费用（高达一千五百钱，超出农家全部的盈余），若这笔钱可由农家的纺织来自给自足，则盈亏当场完全变色。

副业的规模可能如何？这当然是实证性的，随时间空间而不同，以下我们举个实例当参考。

费孝通在《江村经济》里提到，直到民国初年，江苏开弓弦村一地的农家副业收入，占总收入的几乎一半（费孝通便以此副业的比例，指出大跃进时期，虽然稻米的产量有微小的增加，但由于严厉的计划概念完全限制人民的副业，反而使农民的真实所得大损），更遑论三千年前副业对农家的重要性，若加进这个可能非常巨大的变数，又会有什么样的图像转变？

四、李悝的分析，由于是提报文侯当经济政策，因此分析的前提应该相当具代表性——否则一开始就说服不了魏文侯。我以为其中家庭人数、占田数量、单位生产量、基本粮价和税率等等，可信度应该相当高。

一家五口、田地百亩、税率十分之一，这几乎是各家谈春秋战国以前的经济问题，不断重复出现的三个“常数”，由于对经书真实性的怀疑，这三个常数也往往被简单解释为春秋战国时读书人的理念或假设，但由李悝这样的人来说，就可能有相当的普遍性了。而我们知道，这三个常数也是周代井田的三个关键数字，是否也提供了井田曾经存在的间接证据？

五、税率维持在十分之一，这可能令人有点惊讶，因为战国是用兵争战的时代，这样的低税率并不容易，我们很简单能想到可能有其他新的税目，但李悝附带提到的只是“若：……上有赋敛”，听起来即使有杂税，也不是常设性、有相当数额的税收，甚至有不合法偶尔征收的意味。

因此，脱离土地和收获，以钱币支付的人头税（算赋），史料记载是始自于秦，可能是可靠的（起码不应该早于战国）。但我想补充的是，十分之一这个税率应该已在破坏边缘，各国的情况也可能有出入，比方说春秋时鲁君一句“二，吾犹不足”，似乎有提高到十分之二的可能。尽管如此，截至此时，十分之一应该是相当原则性的，即使超收，程度也应不至于太吓人。

猜谁在说谎

以上的几点是李悝的分析给我们的一些可能的想法，而这段分析的“用途”也可能不限于对当时的了解，还有其他的使用方式。

比方说，汉文帝时晁错有一段措词严厉的上书，其中也提到五口之家、耕田百亩、收成不过百石来形容农家的惨状。也被当成是很重要的经济史料，并常被用为分析汉代经济的起点。

但是如果拿来和李悝的说法对照，我们很容易发现这两种史料有不可思议的矛盾存在，怎么说呢？

同样的劳动力和百亩之田，收成相差达三分之一（五十石），而且较晚（约二百年）的汉代反而产量小，这和我们对时代愈晚农业技术愈进步，应该产量愈大的合理假设显然不同。

这多达五十石的差异，已经很难用地域性不同来回避，而且，更麻烦的是还有度量衡改变的问题。周代的一亩地是以一百步计算，战国的魏国是二百步，到商鞅手中又改为二百四十步，汉朝则沿袭秦制。换句话说，晁错口中的百亩已经是李悝时的一百二十亩地了。如果以李悝估计的单位生产量为准，则晁错口中的汉代农家，应有一百八十石左右的收获，和晁错的估算几乎相差有两倍之多（尚不包含时间的因素）。

这个巨大的差异很难有其他的解释，除非有人“说谎”。

谁估计得不对呢？我个人的猜测是晁错，理由当然是“间接”的。

李悝的分析是纯粹经济性的，态度非常的“中立”，不仅列举的各项数字清清楚楚，而且相互之间有进一步的演算和追踪；晁错这封奏书却不然，其背景是在此稍前，先有贾谊上书痛陈游民的日增（显然指的是商业入侵的影响）和风俗的败坏，晁错呼应贾谊，进一步严斥商人的掠夺和罪恶，技术上便得夸张农民相对惨状，而且晁错的着眼不限于经济层面，分析也是概念性的，惟一出现的这三个数字“五口”“百亩”“百石”，看起来皆是信手抓来的成数，不像有严格的证据支持。

而两个时代的实况是，魏文侯虽是战国的霸主，但彼时却是历经长期动乱而战事日炽的时代；汉文帝时则是刻意地不惊扰人民，生产力大幅提高的太平时期。至于李悝和晁错两人的基本性格，不知是由于史料的简陋或本身的性格原就不醒目，我们看不出李悝的清楚个性；相反，晁错的性格却十分显著，是聪明激烈，不肯委屈自己认知，下笔滔滔且词锋强硬的一个人，最后也因这个“挡不住”的个性，遂成了政争的牺牲品。

古人为什么要说谎？

最后，我们附带来谈一下古人“说谎”的问题。

史书的记载不能尽信，这是毫无疑义的，除了因历史事实经过人的观察、理解、记录、整理和价值判断等产生必然的“扭曲”之外，另一个不可忽略的因素是，常常有人说谎。

谎话一般呈现什么样的特质？依一般的看法来说，很容易偏向于相信“报喜不报忧”式的谎话。因为我们不用特别提醒就想得到，写史的人常会受到权势者的压力或诱惑，要帮着掩饰罪行和错误，要把他们所造成的凄惨结果做相当的粉饰，要夸大他们的功绩和影响，因此史料的记载大概都必须打折扣，说好就是普通，普通就是坏，说坏的话那就凄惨得不堪想象了。

这样的猜测当然是很合理的，也能简单找到很多证据，但事情可能并不如此简单。

关于是非对错的认定，往往随着价值观的变化而转移，今天我们看来是荒唐不堪的事，在另一个时空、另一组价值系统底下，可能有完全不同的意思，因此掩饰错误夸大成就这件事，并不一定会按着我们现在的标准来，比方说在宋明那样礼教压力较重的价值系统里，往往一些较活泼较人性、适于现代人观点的行为，就可能被认为有隐藏的必要。

举个实例好了。像宋代的儒者崔述，便不相信舜会不告知父母而娶了尧的两个女儿，因为这严重违背他心目中孝道的标准；他也不相信《诗经》里那些生动描述男女情感的诗歌不是伪造，因为不合他对圣人教化下风俗的想象；他更不相信孔子所有较幽默随和的言行，因为那显然有别于他严厉的圣人标准。如果用类似的价值观来写史，我们要不要想象一下，他可能隐藏了什么吗？

另一种谎话

其次，相对来说，是不是也有不少“报忧不报喜”式的谎话呢？就像晁错的情形——如果我们前面的推论不太离谱的话，如果有，又是基于什么样的心情和现实状况呢？

我个人是站在相信“有”这一边的。在这里我没有能力也没有意思去彻底寻找并归纳出完整的类型，只提出我读史过程里印象较深的几个“范例”：

一、其实像晁错这类的方式很平常，而且也并不一定需要具备像他一样的性格才会发生。我们曾经谈过中国历史上的谏官，在数不清劝谏的言论里，大部分都有夸张问题严重性的倾向，以达到恐吓阻止的效果，说起来这只是劝谏的必要技术而已，因此若我们从历朝的奏章谏书中找寻事实真相，常常要意识到这点。

二、中国读书人自有传统，并不是和政治的权力结构完全重叠。而读书人有其理想性格——尤其是儒生忘不掉的三代盛世，相较起来现实总是充满瑕疵，因此像贾谊《治安策》的慷慨陈词，读起来仿佛汉朝已经命在旦夕了，完全对应不了当时文景之治的真实状况。

三、中国的正史是后代修前代史，适当地诋毁前朝，有时也是向当权者谄媚的一种方法，尤其是篡夺式的改朝换代。

四、中国历史的功利意味重，总要加重教训和报应不爽的分量，尤其被选上当反面教材时，像孟子所说的“众恶所归”，比方说董仲舒这样一个谆谆君子，在谈到亡秦弊政时指出秦“劳役增加三十倍，税收增加二十倍”，数字明确，也常被引用，但以周代一年三天劳役，十分之一税率来计算，这两个数字可能大有问题。

所以在这里不特别费心去归纳，其实有一个更积极性的理由，因为我相信，谎言是各式各样的，背后有各种复杂的因素起着作用，一种合理的类型也仅仅是一种类型，涵盖不了多大的范畴，也无助于我们接近真相，相反，反而容易养成坏习惯。

重要的是，我们应该放弃任何一种预设的假说——不管这假说抽象推论起来多入情入理，唯有实证性地从当时的价值观，当事人的性格和身份，事件的来龙去脉，更多相关资料的排比印证等去进行理解，我们才较有机会在揭穿谎话的同时，不会再陷入另一个自作自受的谎话里，而遗失了认识真相的可能。

欣赏境界，正视现实

境界是美好的，我们可以不因“现实的堕落”去轻易地否定；但现实也往往是不得已的，因为人要活命，也无须因此对人性灰心绝望。

故　事

虞国和芮国发生土地纠纷，跑去找周文王主持公道，刚进入周的境内，便看到周的人民相互礼让大夫的官位，到了都城，又看到周的大夫互相礼让公卿的官位，于是这两个吵架而来的家伙有所领悟地说：“这样看来，这个国家的君王大概是连富有天下的帝王之位也不会去争的，那我们那一点点土地还好意思争个不休吗？”

于是不等见到周文王就打道回国了，那块主权不知谁属的土地遂空在那里。

这是中国人喜欢的境界之一，最极致的就是尧舜的禅让天下，人家连整个天下都不要了，谁还好厚着脸皮一毛五分地计较。

一直到清代还有这样的故事，雍正乾隆年间的宰相张廷玉，他桐城的老家为了修墙和邻居争三尺之地，写信到京城里来找相爷撑腰，张廷玉却只在原信上批了一首诗回去：

千里求书只为墙，让他三尺又何妨。
长城万里今犹在，谁见当年秦始皇。

结局是，相爷家人让出这三尺地，邻居一看也相对地让出三尺地，于是这六尺的空地成了一条巷道，相传这就是桐城“六尺巷”的由来。

我没去过桐城，不知道这条巷子还在不在，是不是早已被新的附近居民搭建起来，但我几乎可以肯定的是，当年芮人和虞人相争又相让的那块闲田，早八百年前已经是某人的私产了。

境界是美好的，我们可以不因“现实的堕落”去轻易地否定；但现实也往往是不得已的，因为人要活命，也无须因此对人性灰心绝望。

境界和现实往往冲突，但彼此之间并不是完全不可商量或互相尊敬的。

不存在的马尔萨斯

中国是个土地广阔的国家，但同时也是个人口多的国家，直觉地来想，人口的成长远大于土地的“增加”，因此，马尔萨斯的恐吓似乎非常真实，但这其间还有很多曲折和变化，并不是从开始一直是这样子的。

从现实的角度来看，土地问题的确是中国历史上一直需要奋力对付的题目，但每个时期问题的焦点可能很不一样。至于人口相对于土地的压力，造成耕地不足的现象，是稍晚的事；稍晚到什么时候开始？很难有明确的时点，一方面因为人口与土地比例变化是滴水穿石式的改变方式，另一方面，我们大致要考虑到三个因素：一是技术性的因素，二是结构性的因素，三是时间性的因素。

技术性的因素，指的是农业相关技术和工具的改良，提高了单位生产量或使原来无法使用的土地转为可使用，从而造成土地相对于人口的比例关系改变。

这在马尔萨斯的原始讲法里原是考虑在内的，但他认为这方面的增加远远追不上人口的成长，可是我们从历史的经验或今天现实的发展来看，很显然马尔萨斯是很低估了这个缓和力量。

这里我们要稍加说明的是，除了基于个别农家的实际经验，“自然地”“连续地”“缓缓地”提高单位的生产量而外，另外也有一种“外来的”“大幅的”“突发的”的改善方式，比方说战国时代铁制农具的普遍使用；比方说建立大型的水利系统来灌溉或用淡水洗刷原来盐分太重的土地，从而使局部地区的单位生产量和有效耕地面积一下子增加起来，如春秋战国时关中渭河流域或四川都江堰的情形；又比方说，一种农业技术的有效改良，有意识地通过行政体系的辅助和推广，造成类似革命性的效果，如秦汉皆实施过的协助农民普遍使用牛马兽力来代耕，或如汉武帝以赵过担任搜粟都尉，实施所谓的“代田法”等等。

结构性的因素，指的是政治、社会结构性的因素造成分配的不同状况。

当少数有办法的人通过政治权力和社会身份占有更多的土地时，属于一般农民的耕地便减少了，因此，在政治比较清明、社会分配比较公平的时候，这个压力便有缓和的迹象，往往在吏治大坏甚至是某种乱世里，虽然人口数量不见得有大幅增加甚至还有下降的倾向，却容易传出耕地普遍不足的声音。

时间性的因素，指的是局部地区开发程度的不同，因此有人口密度太高，土地显得狭隘的现象。

比方说，春秋战国期间我们称之为“三晋”的地带，约当今天的山西、河南之地，是中国文化的发源所在，早在战国到两汉便时而传出耕地不足分配的声音（尤其当结构性的原因造成分配不均时）；在拓跋魏统一中国北方行均田制时，华北中心一带又有所谓“狭乡”的说法；而同期的边缘地区皆可以是地广人稀亟待开发（即所谓的“宽乡”），因此必须运用税法、贷款或提高社会地位的优待办法，以来低这种不均匀的状态，甚至直接用政治的力量来“屯田”（大量纠集移民或使用罪犯、军队来垦田开发）。

严格来说，中国历史上真正形成普遍的土地压力，恐怕是唐朝中前期时，像唐玄宗的开元天宝年间便可说是第一个真正的高峰，但我们也很容易想到，往往一场大乱杀戮下来，人口和土地的紧张关系又暂时松弛下来（当然这两者可能是互为因果的），因此，说起来这个发展也不是直线的，而是大进小退的一路蜿蜒前进。

所以，两汉之前中国的现实土地问题，和马尔萨斯并没有太大的关系，这是我们首先要确认的。

秦朝犯了什么错吗？

那么，战国到西汉的所谓土地兼并之说又是什么意思呢？

大致来说，对于兼并而造成贫穷的农民“无立锥之地”的指责，可能集中在两个时点，一是秦朝确立土地私有到统一天下这期间；一是汉代中期开始到末年哀帝的限民田三十顷这期间。

首先，我们知道传统史书对这个兼并现象的指责，除了“亡秦无道”——意思是那个该死的秦朝做了该死的事情——之外，矛头对准的都是新兴的商业力量和商人，从孟子称之为“贱丈夫”（凶悍到几近没修养的骂人方式）开始，如何责骂商人和对付商人便成为重点工作，尤其是汉代一连串的措施，包括不能以自己名义登记买田、抽较重的税，甚至很没风度地要人家不能穿名牌的丝质衣服，不能开自家用的马车等一大堆从小到大的贬低社会地位做法，都被认为是消除这个罪恶现象的良方。由此，我们也再一次得知，为什么后代儒生这么“怕人知道”孔子的得意门生子贡是个成功的商人。

说起来，在这之前，中国人对商业的基本态度很“健康”的，把商业看成是互通有无的有益行为，只要检查无须抽税；又早期的货币一称为“泉”，即是取泉水流通不息、普遍润泽生命的意思。

这个和善的天使变脸成为撒旦，便差不多在秦代变法成功到一统天下时（当然，理论上应该再早些，但习惯上秦是个更适合更明确的“犯人”）。商业的力量开始从农业的有效控制下“叛变”出来，呈现更高的获利可能，引诱一些“心比较大”，不肯安安分分埋头在春耕夏耘的农民转行，开始冲击社会的既有结构和习俗。

它会不会形成很严重的土地兼并呢？我很怀疑严重的程度，我们千万不要把英国开始的早期资本主义的罪恶现象直接带进公式，看图说话。这不仅是时间相差整整一千五百年的问题，而是本质上完全不同的问题，这里没有工业革命、没有大量圈地赶羊吃人的现象，没有生产工具分离的无产阶级化现象、没有女工童工每天工作十八小时以上不得温饱等等，我相信这是私有化和商业力量初兴起时必然的惊愕和不适应，加上一部分商业竞争初起，来不及建立基本游戏规则，更谈不上一般均衡的出现，而有局部的垄断和分配不均的问题。

更重要的是，这显然是个乱世，原来社会的结构、法规、秩序、生活方式和既有的意识形态都摇摇欲坠，商业力量那种动力较大、较不受约束的特质，便被深深烙上掠夺者的印记。

而秦朝犯了什么错呢？除了其他地方的“错误”一并被收拢来之外，秦朝没有对这个罪恶的现象全面性地加以控诉和抵抗，甚至还某些方面“接受”了这个现象。

其实秦国从商鞅变法以来，从行政作业上、法令规定上、市场管制上、社会地位上等，都极尽压抑商贾之能事（见《商君书》)，那我们说的“某些方面的接受”，指的又是什么呢？比方说，土地私有在秦代严格地“确立”（而不是发明），使商业的推进更有动机；秦代人头税开始以货币而非全然实物征收的“确立”（也不是发明），逼使人民依赖交换经济的程度升高；而秦代为了鼓励生产和战功，进一步有意拉大人民政治地位和经济地位的差距，以所得的不公平来制造追求富强的动力云云。

至于当时耕地和人口的比例如何，虽然没有明确的数字，但我们从山东临沂汉墓里挖出的《孙子兵法 · 吴问》里知道，春秋战国之际，田亩的面积发生变动，原先周制以百步为亩，而范氏和中行氏是一百六十步，智氏是一百八十步，韩和魏是二百步，赵是二百四十步等等，后来秦跟随的便是赵制。

这个变化透露的信息，除了说明农民的耕作能力提高，可能耕种较大面积的土地外，也包括要有足够的土地可“充润”才可能。秦的本国地广人稀不用说，像李悝以百亩（魏制扩大过后的百亩，即周的二百亩）为一般农家的取样，说明连人口密度最高的三晋地区基本上也尚有余裕。

因此，后代那种严厉的指责，说秦代富有的人阡陌相连，土地一望无际，贫穷的人连站脚的地点都没有，局部现象有可能，但若是整体社会现象的描述，那我觉得须大打折扣，这其实是集合了对秦的习惯性控诉，对商业罪恶的习惯性控诉，以及对先王法制和当时的生活方式一种乡愁式的依恋和想象（我所谓的想象，是一种原来没有的，在回忆中创造出来的美好记忆）。

当然这里我们不是替无道的“亡秦”和巧取豪夺的商人脱罪，而是如果我们想比较接近当时兼并的真实程度，一定要扣除这三个因素的“加权”不可。

至少，我们可以肯定，问题不是单纯土地和人口的总体比例。

农民“不愿”拥有土地

那汉代这一次呢？

对汉代这一次土地兼并的指责，较集中在商人问题上，但几代的君主其实还不如秦代的抵抗程度。有趣的是汉武帝为筹措财源而推行一大堆的经济政策，而总被或松或紧地冠上帮凶的罪名，但我以为这是不太对劲的。武帝把盐铁收归国营，用“平准”“均输”来平抑物价，并对商人课较重的税，看起来反而是实质上最抑制商人的，传统的读书人对这种检讨除了“扰民”“与民争利”——其实往往最“被争”的是商人的利益——几个大原则外，意见总是含含混混。

篇幅不多，我这里只想介绍一个说法，我觉得很精彩很有意思。

从后来出土的资料发现，汉代的土地价格事实上非常低，贵的到一亩一万钱已是人口密度最高的中心地带，一般普遍则只有一千钱到三千钱左右。换算起来土地的价值只当一年的收获量，或一个婢女的价钱。这样廉价的土地为什么会形成兼并，而使一般的农民无法拥有田地？

答案不是“不能”，而是“不愿”，不愿的原因是什么？有人认为问题出在当时的租税制度，我们曾说过中国十分之一的农业税几乎形成铁律，在汉代更是不增反减，因此增税所采取的是绕路的方式，即人头税的征收、力役兵役的增加（十倍以上），其中兵役是一个月加上戍边三天，若要请人代替，则支付每月二千钱的代价，相对于农业税，这是很困扰很沉重的。

而虽然农业税追踪田地，人头税和力役追踪丁口，但在登记时却是相连的，因此要逃避人头税或力役时，便得放弃田产，从而促成了土地集中。而人头税和力役是定额的，不像农业税有比例的问题，农业税率低而人头税、力役的负担重，也进一步鼓励了土地的集中。

尤其当社会呈现不平静时，这种现象便进一步加强，原来在乱世里，基于安全的理由，农民常抛弃田产或“带产投靠”某些有实力可提供安全保障的豪门势力，这尤其在天下大乱时更为常见。

用这个方式来理解汉代的土地兼并，解释了低廉的地价，土地兼并却尚有大量空闲土地两个矛盾现象，我个人以为很有意思。

孟子的乡愁

谈了一部分汉代之前的现实土地问题，我希望能传达一个信息，即现实的土地问题配合着每一代不同的政治、社会、经济的问题，往往呈现不一样的性质，就算同是土地兼并这件事，也有不同的意义和面貌。对现实的层面有这样基本的理解，我们可来看看“境界”这一面。

如果要对中国历史上土地问题的“境界”予以最具象的描述，可能只要四个字：井田制度。

说井田是具体的境界是很合理的，因为井田一方面广受推崇，甚至被认为接近完美；另一方面井田的内容被弄得愈来愈空洞、不真实，完全包括完美和乌托邦的双重性格。传统怀古的读书人是如此，近代怀疑井田不存在的人也往往是如此——甚至隐隐有“井田太美好所以不太可能”的想法。很少人在考证细节之外（比方《礼记》《周礼》和《孟子》描述的差异）去认真些想它的实质内容。

如果我们肯从实质去核算一下，很可能会立刻发现井田并没有那么“神”，怎么说呢？井田大致上是一家五口，授田百亩，有十分之一的税，然而，如果我们提过的李悝的估计可信，折算成周亩而放过早期单位生产量必然低落的折扣，这五口之家每年只有七十五石的谷子，显然不足食用，因此这并不像孟子带着乡愁所说的人人可以幸福快乐，相反，还必须在温饱边缘用力奋斗，兼营一些农家副业，靠副食来补主食的不足云云。

但井田却也不是没有好处。从传统对井田的描述，我们可以肯定它是一个有相当公平性的土地制度，对早期的人类社会而言，它也是个相当开明理性的土地制度，其间孕育的劳动观念、人和土地的关系也相当平实健康。

这样相当辛苦却也平实健康的土地制度，我个人觉得，最具体的呈现可能是《诗经》里《七月》这首诗对当时农家一年工作及其生活现象的描写和心情描写，完全就是这味道。

而井田最大的特质是，以当时的政治和社会的发展程度而言，是一个较精密的土地制度（这也是井田最受怀疑的原因，从是否存在到实施的程度、时间、范围），需要较多的现实条件配合：比方说土地形态和丈量的技术，土地和人口的适当比例，户籍管理的能力，以及行政品质的优劣等等。因此，井田的存废，问题不在于其内容的合理性和公平性，而在于其现实的可行性受制于所谓的“铁链理论”，意思是一条铁链的强度，并不是每一环强度的总合或平均数，而是决定于其中最弱的一环的承受力，因为若有断裂便会由这个点断裂。

那井田这条铁链应该断在哪里呢？中国当时的土地丈量技术虽然幼稚，但对付平坦广大的黄河流域可能并不困难：土壤品质的肥瘠不等也可通过二年、三年轮耕式的倍数授田而得到基本的公平化，土地和人口比例的必然随时间改变在理论上是弱点，但如前所谈，起码到西周为止只有土地过剩、无人开发的问题，因此我觉得最有可能是行政品质的问题，在西周开始步向紊乱时就必然出问题。

也因着这种较高的精密性，井田制度注定只是“治世”的制度而不可能在“乱世”使用。

还原合理的历史图像

这样讨论下来，井田制度的境界意味就差不多消失殆尽。

把这个梦打破，除了可能更接近真相以外，可能还有一些附带的好处，起码我们不必那么紧张——不管我们是否定井田或护卫井田。

对不相信传统解释的人而言，不必因为把井田弄得太不可思议而预设了否定的结论，从而对一些可以合理解释的史料证据做太过用力的反应，或对一些疑点做太扩张的发挥。

对于比较相信传统解释的人而言，则有必要从井田高远的境界走下来看看，否则我们容易重复传统读书人远离现实的意识形态，把历代的土地制度和相关赋税、经济政策都简单归结为浇薄后世的不得已（善意的）或居心不良（恶意的）的做法。

这样就很可惜了，每一代的土地问题乃至于相关的赋税、经济问题，其实都有不同的风貌和意义，这是我们必须抛开井田的魔咒才有办法理解的。

而历代面对这些问题的一些努力和措施，其实也各有其程度高低不一的成就和睿智，比方说桑弘羊带头的汉武帝经济政策，两晋以鼓励生产和开发大量闲田为着眼的土地赋税制度，杨炎在乱世的客观条件下用以取代均田制（很公平但和井田有差不多一样弱点的土地赋税制度）的两税法等等，不仅在传统的史籍里得不到正确的评价，就连其对现实状况的说明能力，也往往湮没不闻。

欣赏境界，正视现实，我们可能有机会拥有一个较完整合理的历史图像。

“众恶所归”的秦皇帝

地球是圆的，清末民初以来，儒家的行情走低，基于“敌人的敌人就是同志”的负负得正法则，秦始皇也开始被翻案，甚至成了拥有雄才伟略的伟大君王。

故 事

秦始皇统一天下后，有一次召集群臣商议：“古时候五帝将帝位禅让贤人，夏商周三代却传位子孙，到底谁对，我好跟着实施。”

鲍白令之说：“如果将天下看成公有，则禅让是对的；如果将之当成私产，则传位子孙是对的。”

秦始皇听完，仰天长叹：“我的道德当然是越过三代，承自五帝，我要让天下成为公有，你们看我该禅让给谁呢？”

鲍白令之说：“陛下您走的是桀纣的路子，想学五帝禅让，我看是不可能的。”

秦始皇大怒，命令鲍白令之解释清楚，否则要以死刑论处，鲍白令之说：“您的楼台高入云霄，宫殿足有五里之大，又建造千石重的大钟、万石重的钟架，后宫美女数百人，戏子上千人，又广建骊山的宫室，一直到雍州连绵不绝，消耗天下的财富和民力来作为自己的享受，这哪里有一点五帝将天下视为公有的样子？”

秦始皇没有话讲，于是打消禅让的计划。

这则故事照例是出秦始皇丑的，我们知道，中国的史籍主要是由传统儒生身份的读书人写的，秦始皇一把火烧了经书，又活埋了几百个儒生，光凭这个，秦始皇就足以和桀纣并列，成了众恶所归的皇帝。

但地球是圆的，清末民初以来，儒家的行情走低，基于“敌人的敌人就是同志”的负负得正法则，秦始皇也开始被翻案，甚至成了拥有雄才伟略的伟大君王。

我的想法是，读史的人其实没必要如此情绪化地“各为其主”。读书学剑意不平，这“意不平”原是基于我们的正义感和价值观，但并不等于仇恨。

中国人不善于用数字管理吗？

黄仁宇先生对中国历史一以贯之的看法之一便是，中国一直不善于用数字管理。我的想法是在大部分时代这么说可能是有道理的，但究竟是“不善”或是“不愿”，我们来看一个小故事：

清代苏郡的郡守杨贡，因为有感于人民普遍隐藏实际拥有的田地面积，藉以逃避赋税，于是打算把郡内的田地量个清清楚楚，便接到有人投书，只简单地写了一首诗：“量尽山田与水田，只留沧海与青天。如今哪有闲洲渚，寄语沙鸥莫浪眠。”意思是总要多少留个余地，好歹让水鸟也有个栖息喘气的地方，于是杨贡打消丈量土地的计划。

这样一个例子，当然不足以证明什么，只是开个气氛而已。

中国历史上有没有“善于用数字管理”的时代呢？我想是有

的，早年的秦朝便是这样一个时代，若传统史书的记载不可尽信，今天我们可从一九七五年出土的“云梦秦简”的第一手资料里发现，这个王朝实在是管得太多太彻底了，比方说农作物播种时要用多少种籽，稻麻禾麦黍苔菽的不同使用数量皆列得一清二楚；比方说农税收多少谷子，折算成舂好的粮食的数量比例，如何储存堆积也要规定；比方说小吏和官奴劳动日的计算，也要随四季白天黑夜的长短变化，规定冬日三天抵夏日两天的劳动；比方说劳动力的计算，女工和童工相对于成年男子的不同比例也要计较得一清二楚；又比方说，竹简里内容最丰富的律法规定、判例说明和罚则轻重，简直详尽得令人读来不耐烦。

对两千多年前的政治体而言，这几乎是迷恋数字成癖了，而我们知道，这些竹简不过是秦代政治管理的一隅而已，是当时云梦北区一个名不见经传、叫做“喜”的下级小吏所拥有的和他职务有关的文书资料而已。

一枚关系国家存亡的“螺丝钉”

再来看当时的户籍管理。

谈到户籍管理，我们把话题往上溯一些。根据经书的记载，中国的户口调查在周代就成为经常性的行政工作，是不是确实如此，原是可以无关宏旨的，但从民国以来，却逐渐成了研究中国早期历史的关键性问题之一，原因是传统的看法简单地肯定周代行的是按口授田的井田制度，而井田是个较精密的土地制度，需要有丈量土地的能力和完备的户籍管理，因此要否定井田的存在，户籍管理是重要的缺口之一，我们很容易想到，其一，经书的真实性或说真实的成分如何，本来就是一团迷雾；其二，“真的三四千年前就那么善于数字管理吗？”所以不仅经书里写的那一堆户口调查的记载和方式充分被质疑，就连井田是否存在也跟着摇晃起来了。

而井田的存在与否又关系着什么呢？一言以蔽之，是中国早期历史图像的大问题。我们曾经提过，井田和奴隶制度是不相容的，更进一步来说，就连替代奴隶制度来解释中国早期历史的“亚细亚生产模式”，也很难和井田取得妥协，甚至，从井田的生产关系和真实性格来看，建立其上的政治制度和社会结构，即使其框架依然无可怀疑地是君王政体和基本的封建阶层关系，但大框架之下的实质生活面貌由于必须考虑到井田的基本性格——虽然我们不必如一些思想家那样把生产关系看得如此具有决定性，但由此衍生的比方说对劳动的理解，对生活的理解，人和人相处的关系和相互看待的方式等等，这样的意识形态终究会渗入政治、社会结构里，而在类似的框架底下呈现实质图像的差异。如此，很多“借来”的解释中国早期历史的假说，便有必要从主体性的地位萎缩到一个局限的、辅助性的角落，而使跨文化的比较方式呈现更高的难度和暧昧性。

因此，周代的户籍管理原先只是一枚可有可无的小螺丝钉，如今却可能是一枚有影响力的小螺丝钉，就像那个古老的西方故事说的，一根钉子关系着一枚马蹄铁，一枚马蹄铁关系着马上的将军，一个将军关系着一场战争，一场战争关系着一个王国的存亡。

其实古已有之

然而今天一些真实性几乎无可怀疑的出土资料显示，秦汉的户籍管理惊人地完备——如果我们的标准是两千年前的话。如此完备的户籍管理，能不能从制度发展的连续性和积累作用去回溯周代大有疑问，但这样的行政能力和发展，都也真的让我们有眼睛一亮的感觉，对更早的中国历史有不同的想象和期待。

秦代整饬户籍的管理工作，说起来有新出现的现实理由，即人头税的开征（汉代称之为“算赋”），这个人头税和原来十分之一的农业税不同，如《通典·食货四》里指控秦代的“舍地而税人”，追踪的不是土地而是丁口（成年男子），因此若没有建立相当程度的户籍制度，这个新税等于虚设来换挨骂的，这当然不可以，事实上，我们从汉代以后的发展，证明这个新税是“成功”的，和一些没有现实条件、书生想象的理想改革（如王莽一大堆措施）的转瞬消失，是不可同日而语的事。

那秦代的新税开征与户籍管理，到底是不是秦人独立“发明”出来的？有可能，但机会不大。

我们知道秦是个后期发展的国家，关键性的改革从商鞅开始，商鞅是不得志的卫人去投靠的，后来陆陆续续几代出掌秦国朝政的人物也都是三晋一带的客卿，这是很有名的，甚至引发了客卿和秦国土产人物的权力斗争事件。

史籍上说商鞅基本上是取法于魏国的李悝，而秦的改革项目，事实上我们绝大多数能从如《管子》《韩非子》《荀子》《六韬》《墨子》等等和史籍里对六国的描述中找到线索，合理的想法是秦把这些尝试性的、偷跑性的、未形成为定则，以及已实施效果不错的做法进一步成为白纸黑字的规定，有效率有决心的实行起来而已。

比方说土地的买卖和兼并早已发生，秦不过正式废井田、开阡陌而已；而事实上，我们还可以倒过来讲，就算人头税的开征始于秦，但对于秦代商鞅以来这些现实得不得了、不见兔子不撒鹰的政治人物，若没有户籍管理的基本条件或理解，这样的措施是不大可能凭空出现。

“该死的”末代法制？

秦亡之后的楚汉之争，刘邦项羽先后进入秦都咸阳，做的动作却大有不同，项羽是简单一把大火烧了，刘邦却是由萧何收取了保留在宫中的图籍资料，所以在对抗中，知道天下形势、户口多少、强弱贫富、关隘险要、高山大河云云，发挥了大功用，也使得汉代顺利沿袭秦的法则，减少重建政治秩序的阵痛（汉代的法制除了去掉一些较苛刻的部分外，基本上是秦法的延续，从这里来看，秦法是有现实基础的，绝不是儒生心中那种“该死的”末代法制）。

这些图籍资料，依照史书的描述，显然有一部分便是全国的户籍管理资料。

在《商君书》里有谈到户籍的管理大要：“国家四境之内，男人和女人都要登记在资料里，出生就开始列名，死亡才除去。”“要仔细统计全国人口和仓储的数量，成年男子和女子的数量，老人和小孩的数量，有爵位的官吏和一般百姓的数量，以及牛马牲畜和刍藁（谷物收成后的茎叶，可供饲料建材等所用）的数量。”这是不是说说而已的“倒砌金字塔”的空话呢？显然不是。

“云梦秦简”里出土了一分竹简，是当时户口资料的范本格式，登录的项目包括居处、身份（官或民）、户主姓名、房屋、妻子、儿女、奴婢、财产、牲畜等等，而且这些项目还需进一步条列说明，比方说房屋的隔间样式、门窗数、建筑材料，大门的材料和形态，屋外植树的种类数量等等，妻儿也要描述；妻子一直在家还是跑了（绝没夸张，真的是这么示范的）、女儿出嫁没有、儿子身高几尺几寸；奴婢男女各几人，牲畜是牛是马是狗、公母如何、数量多少。看起来有些地方比我们今天的还麻烦。

顺便值得一提的是，这个户籍范本可供我们参考的地方还不少，比方说秦代的家庭基本结构及人数、生活的基本资料等等。

这里需要解释一下的是，其一，只问女儿出嫁不必管儿子是否娶亲，这可能和秦代为了鼓励生产而厉行男子成年必须分居有关。其二，用身高来登记，是这个资料里“土”的一环，想来是户籍管理建立之初的过渡性措施，而发展到始皇十年，那些新生婴儿的出生登记皆有案可查，才正式改为出生之年，但这倒不一定说明秦是户籍管理的创始者，更可能是秦国本身建立初期，为防止人民谎报逃税，故意以身高为计算依据——事实上，秦法另有一份以身高换算生产能力的固定比例表。

汉代是沿袭秦法的

如果硬要说，云梦这分竹简不过是范本，有没有实行过很可疑，那我们只好再来看汉代的大致情形。

汉代挖到有关户籍资料的竹简木简很多，从西湖、山东到西北的敦煌、居延都有，且都是实际登记有名有姓的户籍资料，而不是范例，内容大体皆沿袭秦代的规定，除了更详细地登记了土地田亩数及其时价总值、住屋总值、牲畜总值及其他奴婢车船的数字和金额，并有财产总价的合计（想来和汉武帝抽财产税有关），这是更翔实可靠的材料，甚至提供给我们很多汉代的重要物价和当时一般家庭的土地数量。

至于户口调查的经常性事务，大体是依《周礼》那样的方式来，以每年秋天八月为原则，由地方分别实施，再收集统合后送到京城，正本给太史公，副本给丞相，正史里那些出现的人口田亩数字便是这么来的。至于和税收有更直接关系的金钱谷物数则更要用多一点气力，每年四次依四季汇总到大司农（财政部长）那里。

有没有好好执行呢？应该有吧！史书里不乏地方官吏执行这

个任务的记载，我们只举一个例子，是东汉建武年间，齐地临淄有个叫江革的人，有一年八月户口清查时，因为母亲年老，江革担心她受不了牛马拉车的颠顿摇晃，特别自己拉车载着母亲赶去接受清查，而博得孝子之名。连行动不便的老太婆也得亲身接受清查，执行的程度应该还是很认真彻底的。

历史的是非得失

曾经在这么早的时代，就这么肯于用数字管理的中国历史，为什么后来变得马虎随意、差不多就好呢？为什么像我们前面提过的郡守杨贡，明明清丈土地是一件应该且寻求赋税公平的“好事”，会因为一首诗而罢手？为什么像王安石那样明白、追求清楚效率的改革行为会被扰民之类的理由所抗拒呢？

这种多少是因着“不愿”而不完全是“不能”的现象，当然有长期意识形态的理由，但我个人以为，秦的“错误示范”也很强化了后代这种不刻意追求效率的意识形态。

今天我们不难理解，秦的数字管理，严苛地讲求效率和它的短命之间，并不一定有必然的因果关系，但传统的读书人却深信这个因果关系，并将其当做不可商量的历史教训，主政者一犯这类“错误”便得和“伟大”的秦始皇并列（不相信的人可去查看史书，每次这一类的劝谏十次里有八次以上一定提到秦的覆亡）。

这样的意识形态当然有所失，尤其是清末以来我们更痛恶这样的不明确、无效率让我们损失惨重；或是我们在思考资本主义为何只发生在西欧而不在中国时，难免也会痛恨司马光、欧阳修这类老派读书人的迟重保守。这可能都是事实，是这种意识形态必然的代价。

但相对来说，这也不是完全的恶。虽然较肯用数字管理、追求效率的政府，和较大权力、较严厉的政府并没有绝对的因果关系，但在君主时代，没有明确的权力制衡的状况下，这两者的确有相当相当程度的亲和性。

因此，同是君主政体之下，中国的君主无能的多而暴虐的少，人民的生活空间一直较宽松自由，甚至可以说只要完税纳粮，更是天高皇帝远，从当时活着的人民的角度来看，却也可能是好事一桩。

历史的是非得失之际，往往就是这么麻烦，像跷跷板一样，扶起了这头，难保另一头不沉下去。

帝王的私房钱

“藏富于民”的概念，如果我们说构成了中国历史上处理国家和人民财富关系的指导原则之一，应该不算夸张。

故　事

魏文侯私人的宝库失火，于是文侯穿着白衣，五天不上正殿，群臣也都素服来安慰文侯，只有公子成父始终不见人影。

五天后文侯恢复临朝，却见公子成父开心地过来恭喜他：“太好了太好了，听说您的宝贝库房烧掉了。”

文侯气得要命：“那个宝库是我藏放所有宝物的地方，失了火，我还特别素服避正殿五天，每个人也都来慰问，你不安慰便也罢了，还来恭喜我，这是存心气我还是什么意思？”

公子成父说：“我听说天子把财富藏在四海之内的老百姓家里，诸侯藏在国内的人民家里，大夫藏于家族的亲人家中，只有士和庶人才藏在自家的柜子里，藏的地点不对，不发生天灾，必有人祸。现在没什么人祸，天灾也只是烧掉个库房而已，这不是很幸运很值得祝贺的吗？”

文侯听了，叹了口气说：“说得真好啊！”

看起来公子成父是个聪明而顽皮的家伙，表演得也很精彩，却不免让人捏一把冷汗，这种作弄人的问答方式，换一个时空、换一个对象，可能是很危险的，万一君主稍稍没有幽默感一些，万一君臣的身份界定更严厉一些，搞不好没来得及说出后面那番头头是道的话就已没命了。

公子成父最后这番话，对习惯读史的人一定不觉得陌生，史书里遇到用钱较奢侈、老想从老百姓身上多刮一些油水的君主时，类似的话总一再被提出来。

这种“藏富于民”的概念，如果我们说构成了中国历史上处理国家和人民财富关系的指导原则之一，应该不算夸张。

因此，相对于同时代的其他民族，中国一直税率较低，起码从“名目税率”上来看是这个样子。

有私房钱的皇帝

这里，我们来想想，所谓魏文侯的私人宝库是什么意思？难不成君主的财富还有私人和公家的分别吗？

没错，是有这样的分别，只是由于早期史料的缺乏，很难断言是从哪个时代开始的，也无法证明故事中战国时代的魏文侯是否就是如此，但可以确信的是，起码西汉一朝，帝王的钱和公家的钱是分开的。

简单地说，汉代的职官有两组管钱的系统，一个是大司农，一个是少府。大司农管的是公家的钱，主要的财源是全国十分之一到三十分之一因时间税率有所调整的田税，主要用途是国家的财政支出，如官吏薪俸、征伐和行政费用；少府则是帝王私人的账房，主要收入是田地之外的山川河海的形形色色收入，主要用途是帝王家的享用、帝王私人的赏赐等等。

这样的区分，究竟有没有什么意义？我个人以为是有的，大司农手上的钱有一定的用途和必要的行政手续，帝王能直接插手的程度非常有限，事实上，整个汉代的财政状况，反倒是帝王一路在放弃原本属于他的收入——至于是什么原因我们下面会谈到。

所以要强调这个，实在是因为在我自己读史的过程里，不断感觉到很多对中国历史“怀有敌意”的人，总是把中国历史上帝王的职权扩张得太严重了，也把剥削论使用得太彻底了，因此，读到像汉高祖刘邦登基后为他父亲做寿，刘邦得意地对太公说：“父亲以前总说老二会置产，如今倒是谁置的产多？”便能得其所哉地把所谓“天子富有四海”的话，简单地解释为封建君主的彻底剥削；而一遇到有些较“善意”的帝王如西汉的文景，也习惯性酌用“假象”“阴谋”“让步是为了更隐秘、更长期的剥削”等这类的说法来诠释，这当然是极其轻率的说法。

言归正传。众所周知的，汉代是沿袭秦法的，大司农和少府的官名和职务都有线索可回溯到秦，甚至更早，从制度的长期发展、演进的性格，以及历史的连续性来看，猜测这样的财政划分可能早于汉代，并非完全不合理，但由于缺乏实证，只能聊备一说。

帝王的“品质”

那么，帝王的私房钱到底多不多呢？当然少是不至于，我的意思是，少府名下的那些供帝王自由支用的钱究竟是太奢华到令人痛恨？还是今天我们看来还能忍受呢？

这不是可以简单回答的问题，因为这些收入是变动的，随着时间的不同而大有差异。

这里先简单介绍一下收入的项目：

1. 山川河海所生产的鱼、兽、果蔬和木材等。除了供奉帝王家四时祭祀、食用和土木建设外，多的部分，从史书里看得出还曾经贩售取利，或干脆把这类地区出租给人民收取规费。

2. 商业的税收，包括通过关隘和市集贩售时的课税。

3. 矿产的收入，特别是铸钱的铜、食用的盐和战国以来大量使用为农具和武器的铁。

4. 诸侯的贡物，尤其是汉代诸侯的献金。

5. 归少府掌握的公田部分，经由官奴的耕作的收入。

6. 汉武帝以后对未成年的人，课征一年二十钱的人头税，即所谓的“口赋”。

从这简单的列举来看，的确是很丰富的，但如果我们把时间的因素考虑进去，很容易发现两件事：一是很容易发现这些项目的收入并不是完全同时存在的；二是这些项目的收入都是从周到汉“增值”最快的。

第一项收入的丰厚与否，原与历代帝王直接控制的所谓苑囿大小有关，大致上是皇帝的好坏和面积的大小成反比，因此原来收入的多寡和帝王的“品质”直接相关，至于较远处的山林水泽或割属于封国，或路途遥远而鞭长莫及。汉代的增值，除因封建萎缩造成帝王直接管辖面积的大量增加外，秦以来交通的改善和行政力量的扩大，也使原本力所未及的收入成为可能。

第二项的商业税，据说周代早期只对商品检查而不课征（稽而不征），这在自然经济底下，商业只扮演微量的互通有无的状态下，是可能也合理的，但春秋以来，商业大兴，获利率远超过农耕，大型的跨国商业巨子不断出现，从赋税公平的原则来看，不征税反而是不合理的。依史书的记录，至少从春秋之时，商业税的课征便成为定则，而一直到汉代的商业持续发展，加上有意打击商人的政治意识，这便使税收有惊人的成长。

第三项的矿产收入，可能是增值最快的一项，大致来说，春秋战国期间是关键时刻，盐的重要性随着政治上的割据兼并和商业的勃兴被清楚地意识到了，据说春秋初期，管仲便利用各国的地利大量煮盐而富强成霸。

而铜的重要则因贸易发达，需要大幅增加货币供应而来。汉初有名的七国之乱，根源所在的吴王濞便因开矿铸钱而强大跋扈，一时几乎撼动了汉天子的地位。至于铁和锡这些矿物，则随农具和兵器的改变而需求大增。

换句话说，商业在整体经济比重的增加速度，便是这笔收入锐增的基本面，到汉武帝财政发生困难时，最先考虑抓紧的收入便是盐、铜和铁，这就是有名的盐铁专卖和五铢钱的禁民铸造。

第四项贡物的增值，主要是政治因素。周代封建，封国虽多，但贡物的实值可能很有限，作为政治仪式君臣关系的象征意义，远大于经济的价值，尤其是离王畿愈远的封国愈是如此，比方说像楚国这样的诸侯，贡职不修被管仲作文章以为用兵的藉口，不过是没有送给周天子祭祀缩酒所用的白茅而已。

汉景帝七国之乱后，大幅侵削封国，但贡物的要求却严厉起来，献金的数量和成色稍有不对，便削国入罪，这当然是有意刁难，藉此实行压抑封国之实，然而在此期间，却连带使贡物的收入不正常地增长。

第五、六两项我们暂且不论。

这些税收的增值趋势大致是明确的，但其间并非没有重挫，像秦末汉初二三十年的乱局便是一例，据说汉高祖虽贵为天子，马厩里还找不出四匹同颜色的马，可见也有度小月的时刻。

但从文帝的休养生息开始，政局一安定，这增值的效果就清楚地显现出来了，汉代的帝王遂能在极短的时间内，翻身为不得了的富翁。

私钱公用的发展

相反，原为赋税主体的农业税，若不大幅提高税率，纯粹依赖农业技术的进步和耕地的增加，想增加收入到底有限，一旦国有大事或想进一步扩大朝廷的职权规模，便面临烦恼。

首先可考虑的应运之道便是提高税率，如春秋时鲁君便曾说过“十分之二我还觉得不够用，怎么可能只收十分之一”，但中国人的过分慕古，使得十分取一的税率成为一个很难突破的铁律，孔子当年下令把担任季氏家宰的好学生冉有赶出门墙，便因为税收的问题，因此税率一提高，往往聚敛的恶名跟随而至，这显然不是好办法。

要不如此便得绕个弯另立名目，至少从秦汉以后成为定则的便是：一、劳役的大幅提高；二、人头税的确立。前者是将周代使用民力“一年不过三天”，一下改成十倍以上的一个月；后者则发展到汉代，成了每人一年要付一百二十钱左右（有变动）的所谓“算赋”，由于这两样税收和土地无关而与户口直接相联，也使秦汉两代的户口调查非常完备。

汉代从文帝以后，农业税的税率不增反降，最谷底是文帝时先降为三十分之一，后来又有一长段期间遂干脆完全不收，一直到景帝时才恢复成十五分之一，这如何可能？

第一感的猜测是一些不知名杂税的取而代之——意思是坏心眼的巧取豪夺，但这可能不是事实，因为史书里有的是私人土地兼并后较严重的私下租佃的田租问题，并没有留下公家税收的“超额”名目，要说是写史者有意的漏记或隐瞒，那么从汉武帝对未成年人口加收一人一年三钱的养马税（为建造骑兵对抗匈奴的所谓“口钱”）都记载下来来看，把问题丢给纯臆测性的其他苛捐杂税并不合理。

我的想法是，从文帝时少府掌握的这些大量增值的税收便开始越界使用了，因为文帝是有名的非常节俭的皇帝，后妃也没什么享受，这方面省下的开销事实上是少府的钱，而短收甚至不收的农业税却归属于公家使用的大司农预算，我猜想文帝是以自己的私房钱来作为公家的花用。

到了汉武帝时，为对匈奴和四夷用兵，加上大兴土木，花费豪侈，财政为之一紧，解决的办法是加收财产税、房屋税和车马船税等新税，并把盐铁收归国营等等，这很明显是把原来属于少府的第二、三项收入正式拨交公家的财政使用，补偿的收入唯是增收第六项的所谓口赋。但尽管如此，帝王的私房钱部分还是可以出现相当的盈余，比方说西汉末年，哀帝时便有盈余四十万万钱左右的记载。

从实物到金钱

从现代的标准来看，作为主要税收的农业税，十分之一的税率的确是偏低的，只有在政治体制规模较小，地方相当独立的状况下才可能够用（由此看《周礼》里那些很周密完整的官制可能是“架空”的，很大一部分是想象出来的），到春秋战国以来，显然已不足支付正常行政的花费，因此，赋税的增加有其现实的必要，并不能完全如当时一般未接触实务的读书人简单用“贪欲聚敛”来解释，而从春秋到西汉这一段遮遮掩掩的增税过程，的确也说明了这种意识形态的压力强度。

另外一个重要的改变，是从实物（谷物等）的缴纳慢慢改变成货币，尤其新的税目都需纳钱，到了西汉甚至劳役和军赋也可折算成定额的货币支付（称为更赋），这便进一步把农业逼入交换经济世界里，于是“匮乏”这件事便有了新的意义，不再是单纯挨不挨饿的问题，而是非将一部分的农作（甚至是田地或身家性命）交换成钱不可，这当然会升高土地兼并的程度，也使私有制的小农经济，除了“看天”以外，有了新的不稳定的因素。

这种经济货币化、政治科层化的现象好不好呢？这不是三言两语的事。能不能阻止呢？如西汉《盐铁论》经济大辩论贤良文学的立场，我想是很不容易的。

历史的事实是，七百年后，中唐的经济奇才刘晏掌理国家财政时，单单盐的收益就占了全国预算的整整一半。

思考的艺术

故　事

鲁定公问孔子："有没有那种只要一句话就可以让国家兴盛的情况呢？"

孔子回答："话不是这样子说的，但也不能说一定没有，比方说有这么一句话：'为君难为臣不易'，意思是居于上位治理百姓是一桩艰辛而需要小心翼翼的大事，不可以轻易对待。做君王的如果真能心领神会为君是艰辛无比又任重道远的大事，不也差不多就等于懂一句话就能让国家兴盛吗？"

带过小孩一起看电影的人，想必都尝过和孔子一样的烦恼，尤其看的不是善恶分明的儿童电影时。每当银幕上又出现一个新角色，总会再来个一模一样的问题："这个是好人还是坏人？"

在儿童单纯的世界里，你很难跟他解释，话不是这样子说的，真正的人生远比这个复杂，形形色色的人很难只简单地好人坏人来分别。但你可能也同时会想到，从某种意义而言，这个世界还真的有好人和坏人的分别。

鲁定公问的正是这么一个不好回答的问题，期待孔子能给他一个格言式的独家秘方，让他简简单单就能按此兴邦定国如反掌。

孔子真的是非常聪敏也非常有耐心的，不仅委婉地替定公指出这个问题的不恰当，而且把定公看待治国大事太容易的大毛病，巧妙地嵌入定公期待的一句话回答里：治国是困难的，非花费大力气不可。

但大概是回答得太巧妙了，定公这个大笨蛋什么也没听懂，真以为自己是问到问题的七寸之上，所以故事的后半截（我没有引完，因为觉得没有必要），定公又问了个一样愚蠢的问题："那有没有那种只要一句话就可以让国家完蛋的呢？"

看着那张傻乎乎的脸（而且又没有儿童那种童稚的天真可爱），要我是孔子，到此就可以打烊拒绝往来了，花大脑筋陪这么个大傻瓜玩下去，简直是对自己的一种侮辱。

自由，从来就不是廉价的

结构主义者说，孤立的元素是完全没有意义的。那什么才是有意义的？简单说，是事物之间复杂的关系网络和结构。这里我们无意讨论结构主义，也不打算建议读者一下子走得这么远，只是想藉此再提醒一下，历史并不比鲁定公脑子里兴邦丧邦的治国之道更简单，它一直是种"话不是这样子说的"的东西。

那话要怎么样说呢？我应该不算为自己的"啰嗦"找借口（好吧！可能多少有一点点），原来我计划在每则故事后只写一千七百字的"可能想法"，一来轻松好看，二来加上三百字上下的白话文故事，共两千字的规模可能有机会逐篇在报刊杂志上先行发表刊载。但一写下去，我发现话实在没有办法这样子讲，虽然我早说过这些想法只是千万种读后的想法之一。

最后我只好放宽一点字数的自我设限，也同时放弃先行发表的念头，以换取一部分的"自由"——对报刊稿费和出版版税有一点概念的人，很容易知道这样的决定造成多少实质的损失，历史的经验果然并没有骗人，自由，从来就不是廉价的。

有办法拿到就全是你的

其实，我一直较耿耿于怀的，是我没办法将这本书写得容易一些，清晰一些，尤其后面部分那些税法、土地制度、生产量变动、户口调查等等，除了较纯粹的历史人口之外，大约是很枯干乏味的——虽然我以为它们背后关系到对中国早期历史的图像是否真实，假设是否合理，且多半牵扯到中国早期历史关键性问题的争论。

这里，我只打算认一部分的罪——有关力有不及的部分，另外一部分，我决定把它归诸于读史的艰难本质。

我们可能听惯了这一类的口号，在谈到中国五千年悠久的历史文化之时，我们总说这是一笔丰富而取用不竭的珍贵遗产，好吧！就算是这么庞大的遗产，但这却不是你只要找个律师，光明正大地缴纳一部分遗产税就可以安然继承的，它更像我们提过的当年周平王仓皇东迁时对秦国的赏赐，那块周代先王赖以创建帝业的富庶形胜的关中渭水平原，现在是在犬戎手中，有办法拿到就全部是你的。

虽然听起来像是讽刺，但却是真的，历史的继承好像少不了奋战一番的学习过程。

既然读史的人每一个都要重新扮演秦穆公的角色，那历来整理历史、教授历史、诠释历史、研究历史的那些人干什么去了？

重新进化一次

我的想法是，随着治史解史的人成就高低不一的努力，我们的确得到一点方便，也无须再想办法活个五千年来把历史重新活过一次，他们依照自己的努力和理解，试图为我们在芜杂、庞大、紊乱的人类总体经验里做一些归纳，建议事情的轻重缓急，提示一些可能的思考门径，演练理解的方法和过程，甚至提供程度不一的各种答案，这是“人异于禽兽几许”的“几许”之一，我们有方便的文字语言可以负载经验和理解的传递，这使得历史可能成为遗产。

但方便有一定的限度，方便也必然有方便可能引起的副作用。人为的“分类”虽然不至于到用后即弃的地步，但使用太久太彻底也不免会有凝固的危险，因此，在方便之余，我们总要多想想不方便的那一面，历史是在不方便时才会前进，人的进步也大多从不方便处开始。

我没办法明确地说出这个界限在哪里，只好避重就轻地提个类比，但请千万别把意义延伸太远。

据说，婴儿在怀胎十月的过程中，生活在母体的羊水里，就像古代的海洋生物生活在含有一定盐分的温暖海洋里，在十个月的发育过程中据说还会出现进化成为人之前的一些征象，比如说类似腮的东西云云。

有人说，这是进化的记忆存留，每个新生的婴儿都必须把祖先辛苦演化的过程简化地重来一次。我不确知这样的说法对不对，有没有根据，也不晓得这么重新进化一次到底对成长有什么意义，但若是读史这件事，却真的很像这种感觉，时间缩短了、过程简化了，但终究一定要重来一次。

让我们既方便又辛苦地来读史吧！